Am. Rolland, Ch. Bataille

Un usurier de village; Drame en cinq actes

AF 153327

Anatiposi

Am. Rolland, Ch. Bataille

Un usurier de village; Drame en cinq actes

Réimpression inchangée de l'édition originale de 1859.

1ère édition 2023 | ISBN: 978-3-38274-412-0

Anatiposi Verlag est une marque de Outlook Verlagsgesellschaft mbH.

Verlag (Éditeur): Outlook Verlag GmbH, Zeilweg 44, 60439 Frankfurt, Deutschland
Vertretungsberechtigt (Représentant autorisé): E. Roepke, Zeilweg 44, 60439 Frankfurt, Deutschland
Druck (Imprimerie): Books on Demand GmbH, In de Tarpen 42, 22848 Norderstedt, Deutschland

UN
USURIER
DE VILLAGE

DRAME

EN CINQ ACTES EN PROSE

PAR

Am. ROLLAND et Ch. BATAILLE

[library stamp]

PARIS
MICHEL LÉVY FRÈRES, LIBRAIRES-ÉDITEURS
RUE VIVIENNE, 2 BIS

1859

— Représentation, traduction et reproduction réservées. —

F6132

PERSONNAGES.

LE TAUPIER.	MM. Tisserant.
DENISET	Guichard.
CHAMOUNIN	Thiron.
LOUVOT	Laray.
MARTIN	Demarsy.
LE BELGE	Ferrier.
ÉLOI	Fréville.
DENIS	Emmanuel.
UN PAYSAN	Méritte.
JEANNE . . . . Mmes Mosé.
LA GRAND'MÈRE.	Lemaire.
LA DENISE.	Bertin.
LOUIS.	Petite Valentin.

MM. les directeurs de province qui désireraient monter ce drame peuvent modifier le décor du cinquième acte de la manière suivante :

Une place. — Une église à gauche dont on ne voit que le portail. Deux échelles superposées sont appliquées contre la façade et remplacent l'échafaudage sur lequel doit monter Louvot. Le reste comme à la page 91.

A MONSIEUR TISSERANT

Vous accepterez la dédicace de ce drame, très-cher et très-excellent artiste, en remerciement des intelligents conseils que vous nous avez donnés et du rare talent dont vous avez fait preuve dans la création du rôle du taupier. Du reste, peu de pièces, nous tenons à le constater, ont eu le bonheur d'être aussi consciencieusement interprétées. Thiron s'est montré, pendant cinq actes, un grand acteur : gestes, diction, costume, tout en lui a été parfait et a révélé ce *vis comica* qui devient si rare aujourd'hui. Laray, qui avait déjà triomphé cette année des difficultés sans nombre du *Marchand malgré lui*, a affirmé une fois de plus la souplesse et la consistance de son talent. Guichard a su rendre la physionomie tragique de Deniset, cet Oreste de village. Tous, enfin, Demarsy, en chantant la chanson du quatrième acte, Emmanuel, dans un rôle ingrat, Fréville et Ferrier, dans quelques scènes épisodiques, ont concouru d'une façon remarquable à la réussite de cet ouvrage. Si nous avons jamais regretté de n'avoir pas donné plus de développements aux caractères de femmes, c'est en voyant le jeu fin et naïf de mademoiselle Mosé, toute charmante dans le personnage de Jeanne, l'énergie attendrie de madame Lemaire, et la langueur touchante de mademoiselle Bertin.

Nous tenons encore à remercier avec effusion tous les critiques des grands et des petits journaux, y compris M. de Biéville, dont la désapprobation toujours prévue nous est si chère ! Ses éloges nous eussent jeté dans une grande perplexité. Dieu soit loué ! cette fois encore, nous avons conquis les blâmes de l'auteur de *Rêves d'amour*

AM. R. — CH. B.

UN
USURIER DE VILLAGE

ACTE PREMIER.

Le théâtre représente un carrefour de village. — Au premier plan, à droite, une maison basse, couverte en tuiles ; au-dessus de la porte est une branche de houx. On lit sur le mur : JEAN DENIS, MARCHAND DE VIN, SON ET AVOINE. Devant la porte, des roues, des brancards, des perches, do bois, un noyer, sous lequel est un établi. — Prolongement d'une haie ; on enclos. — A gauche, au premier plan, maison avec un banc de pierre ; à côté, une chaumière. — Au fond, la grande route, bordée de peopliers. — A travers leor rideao, on aperçoit au lointain des champs, des veillottes, des meoles de foin.

SCÈNE PREMIÈRE.

DENISE, DENISET, LOUVOT, MARTIN.

(Au lever du rideau, Denise, sur le pas de la porte du cabaret, regarde Deniset, Louvot et Martin qui portent une longue pièce de bois de charpente.)

LOUVOT, poussant Deniset.

Va donc, gamin !.. ça gêne plus que ça ne sert... Quand il n'est pas à marauder, on l'a toujours dans les jambes, celui-là !

DENISET, se retournant.

Est-il bourru, ce Louvot ! (Ils déposent la pièce de bois le long du mur, près du tas.)

MARTIN, à Denise:

Voilà qui est fini, la bourgeoise.

DENISE.

Bien, mes enfants... je vais vous chercher un coup à boire...
vous l'avez bien gagné.

DENISET.

Attendez, mère, je vais aller emplir le pot au cellier... pour
vous éviter la peine.

DENISE, le retenant.

Y penses-tu! Dans l'état où tu es, tu attraperais du mal.
(Elle entre au cabaret.)

DENISET, s'essuyant le front.

C'est qu'il fait si chaud!

MARTIN.

Faut pas s'en plaindre!.. c'est un bon temps pour les biens
de la terre, comme on dit chez nous...

> A la mi-juin, quand il fait chaud,
> C'est que les blés deviendront beaux.

(Tout à coup.) Et mes bêtes qui ont le soleil sur le dos... (Remontant.) Je vas les mettre à l'ombre... et je reviens. (Il s'éloigne
par le fond, et disparaît à droite.)

SCÈNE II.

LOUVOT, DENISET, puis CHAMOUNIN.

LOUVOT, bourru, à Deniset.

Elle a donc peur de t'enrhumer, ta mère?

DENISET.

Qu'est-ce que ça te fait à toi?

LOUVOT, haussant les épaules.

Fainéant, va! (Il va s'asseoir dans un coin sur une poutre.)

CHAMOUNIN, sortant de la maison du premier plan à gauche, veste de
gros drap bleu, gilet à raies, sabots remplis de paille. Il tient un panier
d'une main.

Ah! ah!.. il paraît que ça va ici, la besogne?

LOUVOT, grognon, presque à lui-même.

Pour moi, ça va toujours!

CHAMOUNIN.

Bonjour, Louvot! bonjour, petiot!

DENISET.

Tiens! c'est le père Chamounin! Ça va bien, père Chamounin? (Remarquant son panier.) Où donc allez-vous avec votre panier... c'est-il en vendange?

CHAMOUNIN.

Eh! eh! ni oui, ni non. Je vas faire ma petite récolte d'habitude...

DENISET, riant.

Ah! oui... sur la grande route... pour fumer vos plates-bandes.

CHAMOUNIN, avec conviction.

C'est encore ce qui leur réussit le mieux.

DENISET, même jeu.

Et puis, ça n'est pas cher.

CHAMOUNIN, avec affectation.

Dame! quand on n'est pas riche !..

DENISET, clignant de l'œil.

Laissez donc! si vous portez de la paille dans vos sabots, ce n'est pas faute d'avoir assez de foin dans vos prés... pour en mettre un peu dans vos bottes!

CHAMOUNIN, avec humeur.

Hum! tu la dis aussi, cette bêtise-là! te voilà comme les autres! parce qu'on a quelques arpents de bien, ce n'est pas une raison : la terre c'est si ingrat!

LOUVOT, goguenard.

Peut-être bien que plus on en a, plus on est pauvre?

DENISET, avec intention.

Alors, pourquoi que chacun dit que vous êtes un gros richard! Et que c'est une horreur du bon Dieu quand on a de quoi, de laisser une grande fille de l'âge de Jeanne traîner dans le pays, habillée à coups de serpe.

CHAMOUNIN, bourru.

Jeanne est comme elle est, et ça ne regarde personne! Est-ce point ceux qui parlent qui payeront? chacun fait comme il veut, pas vrai?

DENISET, même jeu.

On sait bien que ce n'est pas votre fille, mon Dieu! mais c'est tout de même dur pour une jeunesse qui travaille ni plus ni moins qu'un pauvre chien du matin au soir, de ne pas avoir tant seulement un fichu neuf le dimanche !..

CHAMOUNIN, détournant la conversation.

Voilà tout de même du fameux bois! (Il va tâter les poutres.)
du vrai cœur de chêne, da! Eh! eh! le compère Denis ne
jase pas... mais je parierais qu'il fait de bonnes affaires. (Se
retournant vers Louvot.) Pas vrai, Louvot ?

LOUVOT, toujours assis, d'un ton bourru.

Peut-être bien! Après ça, il ne m'en revient pas plus!

CHAMOUNIN.

Quoique ça, quand je suis venu habiter le pays, il y a sept
ans, il n'était encore que cabaretier; le voilà charron, à cette
heure... et charpentier encore! Eh! eh! je crois bien qu'il a
son petit grain d'ambition... mais ce n'est pas un crime
quand on est honnête et qu'on a du cœur à l'ouvrage. (Se retournant vers Louvot.) Dame !

LOUVOT, même jeu.

Peut-être bien !

DENISET, avec prière.

Voyons, père Chamounin, un simple fichu !

CHAMOUNIN, feignant de ne pas l'entendre.

Et ma petite récolte... que j'oublie! (Il se dirige vers le fond.)

DENISET, le suivant avec insistance.

Seulement une pauvre petite robe de cotonnade! (Chamounin
disparaît.)

SCÈNE III.

LES MÊMES, moins CHAMOUNIN, puis DENISE et MARTIN.

LOUVOT, se levant et se moquant de Deniset qui revient.

Ah! ah! tu vois bien qu'il est sourd !

DENISET, avec menace.

Ça te fait rire, toi ! Oh! quand je serai un homme !.. je les
ferai bien taire, moi, les rieurs.

LOUVOT.

Voyez-vous! et comment ça ?

DENISET, fièrement.

Je les battrai, donc !

LOUVOT, railleur.

Gare là-dessous, voilà Monsieur qui tape !

DENISE, revenant avec un pichet et des verres.

Voilà, mes enfants! (Tout en versant.) Je vous ai fait attendre,

c'est qu'il y avait une pratique à servir... dans la grand'-
salle, et... les pratiques avant tout. Tiens! mon petit homme!
(Elle baise Deniset au front.)

MARTIN, buvant.

A votre santé, la bonne dame!

DENISE.

Vous êtes bien honnête! (A Louvot, qui boit silencieusement.)
Vous êtes malade, Louvot?

LOUVOT.

Moi? non... peut-être bien!

DENISE.

Alors, il faut retourner à l'ouvrage, afin que Denis ne
trouve rien à redire en revenant. — Allez, mon ami!

LOUVOT, entre ses dents.

Oh! mon ami! mon ami! Drôle d'amitié! je sais bien qu'il
n'est pas encore onze heures! (Il va se mettre en rechignant à l'établi, dans le fond du théâtre.)

DENISE, à Deniset.

Et toi aussi! Allons! on a déjà passé la matinée à souhaiter
la fête de ton père, la besogne presse pour ce soir. (Deniset s'é-
loigne vers l'établi.)

MARTIN, ôtant sa casquette.

Notre maître, le marchand de bois, m'a chargé comme ça
de vous dire qu'il serait aux Trois-Bornes, au tournant de la
grand'route, sur le coup de deux heures, et que ça lui ferait
bien plaisir si M. Denis lui apportait le montant de la dernière
livraison.

DENISE.

Je l'attends d'un moment à l'autre, soyez tranquille!

MARTIN.

A la revoyure, madame Denis! (Il s'éloigne.)

DENISE.

Au revoir! (A Deniset, qui travaille au fond.) Ah! Niset! cours
chercher ton père, il doit être à la mairie! (Elle rentre dans le
cabaret; sur le seuil.) Et ne va pas muser par le bois, surtout!

DENISET.

J'y cours, mère. (Il ôte son tablier. — Voix de Martin à la canto-
nade.) Oh! hue! dia! (On entend le claquement d'un fouet et le roule-
ment d'une voiture qui s'éloigne.)

SCÈNE IV.

JEANNE, DENISE, LOUVOT, travaillant.

(Au moment où Deniset va pour sortir, il se trouve nez à nez avec Jeanne ;
elle porte sur la tête un paquet d'herbes qu'elle soutient d'une main.
Elle a une marmotte, un fichu bleu, une jupe grise et courte rayée de noir,
des bas bleus et de gros souliers.)

DENISET.

Bonjour, Jeanne !

JEANNE.

Bonjour, Niset !

DENISET.

Est-ce qu'on t'a battue, te voilà toute défaite? Et d'où reviens-tu, à cette heure?

JEANNE.

De faire de l'herbe pour mes lapins.

DENISET, la regardant.

C'est donc en te baissant que tu as fait cet accroc à ta jupe?

JEANNE, jette son paquet d'herbes et s'assied dessus.

Un accroc! C'est-il vrai, hein?

DENISET, assis à côté d'elle et lui montrant sa jupe.

Regarde!

JEANNE, avec effroi.

Qu'est-ce que va dire M. Chamounin? Ah! mon Dieu!

DENISET, avec intérêt.

Il est donc bien méchant, le père Chamounin?

JEANNE.

Dame!

DENISET.

Pourquoi rester avec lui, alors?

JEANNE.

Et où est-ce que j'irais? Je n'ai personne.

DENISET.

Tu trouverais de l'ouvrage, donc! Te voilà assez grande pour gagner ta vie à cette heure!.. Tu n'es pas sa fille, après tout, et puisqu'il te maltraite...

LOUVOT, portant une poutre dans l'atelier.

Le chapitre des bons conseils !

JEANNE, simplement.

Oh ! non, ce serait mal ! Sans lui, je serais morte de faim.
Je n'ai jamais connu ni père ni mère, Niset. Mon père, ruiné,
réduit à la misère, est parti bien loin pour chercher sa vie, et
ma mère est morte à la peine six mois après; si bien que,
sans M. Chamounin... — il a eu pitié de moi, cet homme! —
J'avais dix ans, j'étais déjà forte...

DENISET.

Et tu es devenue sa servante?

JEANNE.

Oh ! non, Niset, il m'a toujours dit : « C'est ta maison que tu
soignes, tu n'es pas une servante, ici ! »

DENISET, riant.

Et la preuve, c'est qu'il ne t'a jamais payé de gages.

LOUVOT, qui vient de rentrer.

C'est ta maison que tu soignes... Tiens, tiens, tiens!

DENISET, avec intérêt.

Mais comment l'as-tu fait, ce malheur-là ?

JEANNE.

C'est tout à l'heure, en passant par le bois des Ormes ! Je
suis montée dans un arbre pour dénicher un nid; mais je n'é-
tais pas plus tôt montée que j'ai entendu un bruit de pas; j'ai
cru que c'était le garde; la frayeur m'a prise, et je suis dé-
gringolée en m'arrachant, comme tu vois. (Avec enthousiasme.)
Un bien beau nid, va !

DENISET, vivement.

Un nid de quoi ?

JEANNE.

Oh ! je ne sais pas, je n'ai pas eu le temps de voir dedans.
—Tiens, c'est là-bas, près du carrefour de la Croix, sur un gros
frêne, à côté du bouquet de bouleaux. — Vas-y, dis!

DENISET.

C'est que ma mère m'envoie à la mairie, et j'ai déjà perdu
un quart d'heure.

JEANNE, se relevant.

C'est si près !

DENISET, se relevant.

Ça te ferait bien plaisir?

JEANNE.

Oh! oui! nous partagerons les petits, hein? va!

DENISET, tout à coup.

Eh bien! j'y vais... tant pis! (Il s'éloigne en courant.) Je rat-traperai le temps en courant toujours. (Jeanne le regarde les mains dans les poches de son tablier.)

JEANNE.

Oh! il le dénichera bien, lui; il est si habile!

SCÈNE V.

JEANNE, LOUVOT, à son établi.

LOUVOT.

Hé! la mal peignée! depuis quand est-ce le métier des filles d'aller dénicher des nids?

JEANNE.

Depuis que ça leur fait plaisir, donc!

LOUVOT.

Te voilà-t-il pas bien coquettement requinquée pour une grande fille de seize ans passés?

JEANNE.

Eh bien! qu'est-ce que cela vous fait, après tout?

LOUVOT.

Oh! ce que je t'en dis, c'est pour l'histoire de t'apprendre seulement que ce n'est pas le moyen d'attirer les épouseurs.

JEANNE.

Qui vous dit que j'en cherche! Je sais bien que je ne suis pas belle, puisque tout le monde me le répète.

LOUVOT, tournant autour de Jeanne.

Dis donc, la Jeanne?

JEANNE.

Après?

LOUVOT.

Tout de même, si tu voulais, je serais bien ton homme, moi!

JEANNE, étonnée.

Vous, Louvot?

LOUVOT.

Peut-être bien! est-ce que je n'en vaux pas un autre?

JEANNE.

Je ne dis pas non, puisque je ne sais si les autres valent mieux que vous.

LOUVOT.

Ça pourrait bien avoir signifiance que je ne vaux pas grand'-chose?

JEANNE.

Je n'ai pas parlé de ça; mais pourquoi voulez-vous m'épouser, puisque je suis laide?

LOUVOT, avec embarras.

Parce que... parce que tu es une bonne fille dans le fond, et que ça me fait de la peine de te voir traîner en loques par le village.

JEANNE.

Grand merci, Louvot; mais est-elle bien vraie, cette menterie-là?

LOUVOT.

Pourquoi veux-tu que ce soit, alors?

JEANNE.

Est-ce que je sais? Quelquefois que vous sachiez aussi dénicher des nids, vous! (Elle s'éloigne).

LOUVOT, surpris.

Hein? tu dis? écoute donc un peu, Jeanne!.. Jeanneton!

JEANNE.

Je n'ai pas le temps, il faut que j'aille donner à manger à mes bêtes. (Elle rentre.)

SCÈNE VI.

LOUVOT, seul.

Est-ce qu'elle ne serait pas tant sotte qu'elle en a l'air? c'est que c'est une idée, ça... Et, puisqu'il lui a dit : « C'est ta maison que tu soignes! » peut-être bien qu'il lui laissera ce qu'il a à son décès. (Jetant son rabot avec colère. C'est que j'en ai assez d'être chez les autres, moi! ce n'est pas une vie! Et puis pourquoi Denis m'a-t-il retenu quatre sous à la dernière paye? Nous avons pourtant été compagnons ensemble! Il gagne de l'argent, lui! Il y a comme ça des gens qui ont de la chance! Qu'on me donne une boutique, et on verra! Ah!

si le père Chamounin voulait! (Réfléchissant.) Faudra toujours bien qu'il donne Jeanne à quelqu'un comme moi, qui prendra l'argent... et la femme par-dessus le marché! ce sont les plus matineux qui arrivent de meilleure heure! Je lui parlerai, au père Chamounin, et peut-être bien... (Il réfléchit profondément.)

SCÈNE VII.

LOUVOT, DENIS.

DENIS, arrivant du fond, une boîte à la main; à lui-même.

Braves gens! ils n'ont pas oublié que c'était demain le 24 juin. (Ouvrant la boîte et regardant.) Un compas! ça fait plaisir de se savoir aimé de ses ouvriers, et j'avais besoin de cela pour oublier les contre-temps qui m'arrivent aujourd'hui. (Apercevant Louvot, qui est resté silencieusement à l'écart.) Ah! tu étais là, Louvot? pourquoi n'es-tu pas venu aussi aux travaux me souhaiter ma fête?

LOUVOT, bourru.

J'ai payé ma part du compas comme les autres!

DENIS.

Il fallait garder ton argent et venir me serrer la main, ça m'aurait fait plus de plaisir.

LOUVOT, lui tendant la main.

Eh bien! la voilà.

DENIS, lui prenant la main et le regardant fixement.

Tu as quelque chose, Louvot?

LOUVOT.

Moi?

DENIS.

Je te connais, nous avons travaillé ensemble; tu es un bon ouvrier, et depuis quelque temps tu flânes.

LOUVOT.

Quand on travaille depuis l'aube, on peut bien se reposer un brin.

DENIS.

Il y a temps pour tout, pour le repos et pour le travail. Ce sont là de mauvaises raisons. Je te dis que tu as quelque chose; regarde-moi.

LOUVOT.

Après ça, peut-être bien !

DENIS.

Alors on parle et on ne garde pas rancune comme un sournois, c'est d'un mauvais cœur !

LOUVOT, se croisant les bras.

Eh bien! pourquoi m'as-tu retenu quatre sous à la dernière paye?

DENIS.

Ce n'était pas pour la somme; mais pourquoi n'as-tu pas fait ta journée complète lundi?

LOUVOT.

S'il faut se tuer à présent !

DENIS.

D'ailleurs, je n'ai pas les moyens de payer l'ouvrage qu'on ne me fait pas. En voilà assez, oublions cela.

LOUVOT, entre ses dents.

Oublions ça! ça ne lui coûte pas cher à lui !

DENIS, se retournant.

Qu'est-ce que tu dis encore?

LOUVOT.

Moi ?.. rien... et toi ?

DENIS.

Je dis que tu commences à m'échauffer les oreilles et que tu as raison de n'avoir pas le courage de répéter ce que tu viens de grommeler entre tes dents.

LOUVOT.

Tu ne me fais pas peur avec tes menaces !

DENIS.

Tiens! Louvot, finissons-en, j'entends être le maître.

LOUVOT, amèrement.

Il t'empâte la bouche, ce mot-là !

DENIS.

Oui... et si cela ne te convient pas !..

LOUVOT.

Si ça ne convient pas?..

DENIS.

On peut s'en aller chercher de l'ouvrage ailleurs !

LOUVOT, saluant.

Compris, Monsieur! Je ne crèverai pas de faim devant ta porte, va! (Jetant son bourgeron.) Il y en a partout, de l'ouvrage !

DENIS.

A la bonne heure, j'aime mieux ça; je hais les querelles!

LOUVOT, qui a repris ses outils et sa blouse.

Au revoir, Monsieur! Ça fait le fier... (Quand il est déjà loin.)
et ça doit à tout le monde!

DENIS, se retournant.

Sournois et lâche! l'un ne va pas sans l'autre!

SCÈNE VIII.

DENIS, DENISE, puis LA GRAND'MÈRE.

DENISE, sortant du cabaret, à Denis.

Qu'est-ce qu'il y a donc par ici? on dirait que tu te fâches,
le père?..

DENIS.

Ce n'est rien, ce n'est rien! (Tendant la boîte à Denise.) Tiens,
femme, tu serreras dans l'armoire ce compas que mes ouvriers viennent de me donner pour ma fête... et tu torderas
le cou à une couple de poulets; ces braves gens mangeront la
soupe avec nous ce soir!

DENISE.

Oui, notre homme... et de grand cœur! (Elle entre un instant
dans le cabaret et reparaît presque aussitôt sans la boîte.)

DENIS, à lui-même.

C'est égal, ça me dérange de ne pas avoir touché!

DENISE, revenant.

A propos... le bois est arrivé.

DENIS, embarrassé.

Oui, oui, je l'ai bien vu!

DENISE.

Et M. Piperot demande son argent.

DENIS, même jeu.

Je le sais bien, mais je n'en ai pas.

DENISE, vivement.

Pas d'argent! le maire n'a donc pas été à la ville pour le
règlement de la bâtisse de l'école?

DENIS, avec humeur.

Eh si!.. — mais l'architecte de l'arrondissement n'avait pas
renvoyé mon mémoire à la sous-préfecture; Il faut attendre!

DENISE, vivement.

Attendre !.. c'est facile à dire !.. Et les travaux de l'église,
qui sont en train, comment les continuer sans argent? Et
maître Chaumet qui menace de nous faire vendre si nous ne
payons pas le loyer du chantier des bois! C'est qu'il ne badine
pas, maître Chaumet! — Ah çà! mais, voilà trois mois qu'il
l'a, ton mémoire, l'architecte? A ta place, j'y serais allé,
moi... et j'aurais parlé pour... (A ce moment, la grand'mère sort du
second plan à gauche, s'assied sur le pas de sa porte et se met à tricoter.)

SCÈNE IX.

LES MÊMES, LA GRAND'MÈRE.

DENIS, sans la voir.

Songe donc qu'il est question de rebâtir le presbytère !.. que
cette besogne-là m'est promise et que ça nous vaudra toujours
bien dans les environs d'une pièce de six cents francs de bé-
néfice, et que si je fais du train... on la donnera à un autre !
— Non, non, il faut patienter et ne rien dire encore !

DENISE.

Mais comment faire, alors? (Tout à coup, apercevant la grand'-
mère, et à mi-voix en la montrant à Denis.) Dis donc, Denis, si on de-
mandait à la mère?

DENIS, à mi-voix, haussant les épaules.

Elle ne peut plus rien donner, la chère femme! Quand je
t'ai épousée, elle m'a donné son cabaret; quand j'ai voulu
m'établir charron, ce qui était mon état, elle m'a donné sa
grange, dont j'ai fait l'atelier; puis, comme nous avions besoin d'argent vaillant pour entreprendre la charpente, elle a
vendu sa vigne : il ne lui reste plus qu'un morceau de pain
à cette heure, et bien sec!

LA GRAND'MÈRE, sans se déranger.

Bonjour, mon fieu! bonjour, ma bru! Il y a donc quelque
chose sous roche que vous complottez tout bas ?

DENIS.

Non, la mère, je suis content, l'ouvrage va bien, et je vais
encore travailler à la maison de M. le curé.

LA GRAND'MÈRE.

Ça doit être une bonne affaire, hein ?

DENIS.

Encore deux ou trois comme celle-là, et je mettrai quelques gros sous de côté.

LA GRAND'MÈRE.

Ça ne m'étonne pas; vois-tu, Denis, je t'ai toujours connu brave à l'ouvrage, comme feu défunt ton pauvre père!

DENISE, timidement.

Seulement...

LA GRAND'MÈRE.

Ah! voilà! (Elle se lève, rejette sa laine dans son panier et descend en scène.)

DENIS.

Vous savez bien, l'école communale...

LA GRAND'MÈRE, avec orgueil.

C'est toi qui l'as bâtie, mon fieu!

DENIS.

Précisément, et je devais être payé aujourd'hui de mes travaux; j'y comptais pour payer les autres, et je n'ai rien reçu, dame!

LA GRAND'MÈRE.

Ah! mon pauvre fieu! je ne peux pas t'aider; je n'ai plus rien, tu le sais, puisque je t'ai donné tout. Je ne t'en fais pas de reproches, mais quand on n'a pas!..

DENISE.

On vous aurait rendu quand la commune payera.

DENIS.

Parbleu! ce ne sont pas les travaux qui manquent; vienne la Saint-Martin, nous mettrons quelques beaux écus dans la commode.

LA GRAND'MÈRE.

Oh! j'ai confiance en toi comme en Dieu, mais...

DENIS.

Vous avez raison, n'en parlons plus. (Avec un soupir) Ce sera un autre qui aura les travaux du presbytère!

LA GRAND'MÈRE, hésitant.

Pourtant, si c'est une bonne affaire?..

DENIS.

Sans doute, et voilà ce qui me peine.

LA GRAND'MÈRE, avec effort.

Écoute, Denis, j'ai bien encore mon vieux bas!..

DENIS.

Tenez, vous êtes une brave femme!

LA GRAND'MÈRE, branlant la tête.

Mais, voyez-vous, c'est bien la fin, la vraie fin, et peut-être alors qu'il va falloir que vous me nourrissiez?

DENIS.

Ah! nous vous rendrons heureuse; vous ne manquerez de rien, foi d'honnête homme!

LA GRAND'MÈRE, souriant.

Hé! ne promets pas tant, mon garçon! je n'ai pas besoin de grand'chose à présent; pourvu que je trouve ma place au feu et à la soupe, c'est assez! (Se décidant.) Allons, viens, petit, que je te donne mon reste; au surplus, ce n'est qu'une avance, car ça n'aurait pas tardé à te revenir.

LE TAUPIER, qui s'est avancé depuis quelques instants, à haute voix, comme se parlant à lui-même.

Enfin voilà une bêtise! (Tout le monde se retourne. A Denise.) Une chopine, s'il vous plaît, la petite mère!

DENIS, se retournant.

Ah! c'est un taupier. (Il suit la grand'mère, Denise entre au cabaret.)

SCÈNE X.

LE TAUPIER, puis DENISE.

LE TAUPIER. Il s'assied et dépose son havresac sur la table. — Habit à pans coupés, grandes guêtres, cheveux longs et grisonnants; un peu voûté; il porte une grande gaule où sont accrochées des taupes et un havresac en peau de bique derrière son dos.

J'ai entendu dire quelquefois que le monde est vieux! Ce sont les imbéciles qui disent ça, puisque les vieillards n'ont pas encore seulement l'âge de raison! — Voilà une vieille qui se dépouille et qui compte sur ses enfants! (Riant.) Ah! ah! les enfants! ça mange aux père et mère jusqu'à leur dernière chemise pour aller ensuite se faire croquer par leurs marmots! (Riant plus fort.) Le monde fait ses dents! —Merci, la bourgeoise! (Denise lui apporte une chopine qu'il paye. Il tire de son havresac du fromage, du pain bis, un eustache, boit un coup, et frappant sur son verre.) La voilà, la vérité! Et il y en a qui l'ont mise dans un puits!

Quels païens! (Il met son fromage sur sa miche, le pouce par-dessus et taille à plein dans le morceau. Denise est rentrée. Paraissent Chamounin et Louvot. Le taupier mange silencieusement.)

SCÈNE XI.

LE TAUPIER, CHAMOUNIN, LOUVOT.

(Chamounin entrant suivi de Louvot, avec lequel il semble continuer une conversation. Il porte son panier sous le bras.)

CHAMOUNIN.

Non... non... je te dis... c'est impossible! (Se baissant et ramassant quelque chose qu'il frotte sur sa manche.) Un fer à cheval! Eh! eh! ça peut servir, pas vrai? (Il met le fer à cheval dans sa poche.

LOUVOT, avec impatience.

Peut-être bien!.. mais...

CHAMOUNIN.

Mais, mais, puisque je te dis que je ne puis pas t'établir!.. cela ferait deux charrons dans le pays, et il y en a assez d'un!

LOUVOT.

Ah! si ce n'est que cela... j'aurai bientôt coulé Denis. C'est mon ancien patron.

LE TAUPIER, qui a entendu, à lui-même, regardant Louvot.

Il paraît qu'il n'y a pas des taupes que dessous terre!

CHAMOUNIN.

Le couler! le couler! Peut-être bien qu'il n'y a pas besoin de l'aider pour cela; il entreprend trop, m'est avis qu'il se coulera tout seul... et je ne veux pas y prêter la main!.. C'est un brave homme! et puis il me doit de l'argent, dame! et s'il faisait de mauvaises affaires... je n'aurais plus que sa maison pour me payer. (Regardant la maison, et presque à lui-même.) Hé! hé! elle est bien bâtie, sa maison! et puis, justement là, en face de la mienne, ça ne serait pas une mauvaise affaire tout de même!

LOUVOT, qui s'est approché et l'a entendu, vivement.

Eh bien! prêtez-moi de quoi m'établir; on a déjà quelques petites économies, et elle sera bientôt à vous, sa maison....

CHAMOUNIN, vivement.

Bien vrai! (Par réflexion.) Ouais! Et si tu allais ne pas réussir?

LOUVOT.

Puisque je vous en réponds!.. il est gêné, et je sais qu'il cherche à emprunter en donnant hypothèque sur sa maison.

CHAMOUNIN.

En donnant hypothèque! (A mi-voix.) Mais alors ma créance ne vient qu'en second et je peux tout perdre? — Non, non, je te dis. (Regardant la maison à droite.) Tant qu'il y aura un autre charron dans le pays, il ne faut pas y penser!

LOUVOT, vivement.

Et si Denis n'y était plus?

CHAMOUNIN.

Hein! tu dis?..

LOUVOT.

Moi? rien... mais un malheur est si vite arrivé.

CHAMOUNIN, fixant Louvot.

Dans le bâtiment, — oui! une planche pourrie... qui craque quand... on est tout en haut... ça c'est vu.

LE TAUPIER, à part.

Ouais! A bon entendeur, salut!

LOUVOT.

Eh bien?

CHAMOUNIN.

Quoi?

LOUVOT.

Dame! si...

CHAMOUNIN, avec intention.

Si la planche craquait?

LOUVOT, vivement.

Enfin, s'il n'y était pas!

CHAMOUNIN.

Eh! s'il n'y était pas! Je vais dire comme toi, à mon tour, peut-être bien! Mais il y est, et les malheurs ne sont pas si fréquents que cela, Dieu merci! Ainsi, bonsoir! (A part.) Tout de même, elle ferait bien mon affaire, cette maison-là. Eh! eh! (Il entre vivement dans sa maison et en ferme la porte au nez de Louvot.)

LOUVOT, avec rage à lui-même.

Encore Denis! Cet animal-là m'empêchera donc toujours d'arriver! Et je ne pourrais pas me venger de lui? (Après un instant.) Peut-être bien! (Il sort vivement.)

LE TAUPIER, à part, en regardant Louvot s'éloigner.

Encore un qui crève dans sa peau de mal-envie!

SCÈNE XII.

LE TAUPIER, ÉLOI, huissier, DENIS.

DENIS, sortant de chez la grand'mère.

Cent écus! ça sera tout juste de quoi payer M. Piperot, et je vais tout de suite...

ÉLOI.

Eh! bonjour, père Denis!

DENIS, se retournant, très-contrarié.

Ah! c'est toi, monsieur le clerc d'huissier! Ça n'est pas pour te faire un mauvais compliment, mais, quand je te vois, j'aimerais autant voir le diable!

ÉLOI, gaiement.

Je sais bien!.. je fais cet effet-là à tout le monde... Que voulez-vous? c'est mon état qui veut cela!—Eh bien! est-ce pour aujourd'hui?

DENIS.

Encore quelques jours, Éloi, seulement une huitaine!

ÉLOI.

Ce n'est pas moi, c'est M. Chaumet qui ne veut plus attendre. Si on ne paye pas aujourd'hui... il fera vendre demain, voilà!

DENIS.

Et si je ne peux pas? Si je n'en ai pas, d'argent?

ÉLOI.

Dame! vous savez que je n'y suis pour rien, moi, mon pauvre Denis!.. Allons, adieu! (Il s'éloigne.)

DENIS, à lui-même.

C'est qu'il le ferait comme il le dit! (Avec hésitation.) D'un autre côté, M. Piperot... (Résolûment.) Bah! je m'arrangerai toujours avec lui. (Appelant l'huissier.) Eh! attends, je vais te payer... mais que le diable t'emporte!

ÉLOI, revenant.

Voilà le bonjour qu'ils me donnent tous! Que voulez-vous? il faut bien que tout le monde paye les redevances et le loyer, sans ça... (Il entre dans le cabaret derrière Denis.)

SCÈNE XIII.

LE TAUPIER, puis DENISET, puis JEANNE.

LE TAUPIER, seul, riant.

Le loyer! c'est comme l'impôt des portes et fenêtres, connais pas! (Montrant le ciel.) Voilà mon toit, et c'est le propriétaire qui se charge de tout!

DENISET, revenant avec un nid, et frappant aux carreaux, à gauche.

Jeanne! Jeanne!

JEANNE, sortant.

Tu as le nid? qu'est-ce que c'est? (Elle le regarde curieusement.)

LE TAUPIER, les regardant.

Faut croire pourtant que l'impôt c'est dans la nature; tout ce qui vit le paye : depuis le moucheron qui le paye aux petits oiseaux, jusqu'aux petits oiseaux qui le payent aux petits enfants!

DENISET.

Je n'ai jamais vu de ces oiseaux-là!

LE TAUPIER.

Montrez, mes agneaux... les bêtes, ça me connait. (Il examine le nid.) Ça vaut trente sous comme un liard à la mairie, c'est un nid de buses!

DENISET.

Trente sous!

LE TAUPIER.

Oui, petit, plus c'est mauvais, plus ça se paye... c'est comme les hommes!

DENISET.

Ça vaut mieux que les taupes, alors, pas vrai?

LE TAUPIER.

Il ne faut pas dire de mal de ces petits bestiaux-là... ils se mangent entre eux... toujours comme les hommes; seulement, on est injuste à leur égard, on n'en donne que deux sous!

JEANNE, bas à Deniset.

Dis donc, Niset... (Elle le tire par la manche.)

DENISET.

Hein?

JEANNE.

Nous ne pouvons pas élever des buses... et il n'a pas l'air heureux, le taupier...

DENISET.

Tu as raison, Jeannette, je te comprends. (Au taupier.) Taupier, les buses, ce sont de méchantes bêtes ?

LE TAUPIER.

Oui, mon garçon ! D'abord, retiens bien ça, tout ce qui est bête est méchant ; c'est pourquoi, dans la vie, tu rencontreras tant d'imbéciles !

DENISET.

Alors, m'est avis qu'on fait bien de les détruire, et pour qu'à tant faire, comme ça rentre un peu dans votre état, gardez la couvée !

LE TAUPIER.

Tu veux...

JEANNE.

D'abord, je ne pourrai jamais les tuer moi-même.

DENISET.

Ni moi non plus ; ainsi...

LE TAUPIER, prenant le nid qu'il met dans son bissac.

Merci, jeunesses. (A part.) Ils sont gentils ces enfants ! quel dommage que ça grandisse !

SCÈNE XIV.

LES MÊMES, ÉLOI, DENIS. Éloi et Denis sortent du cabaret.

ÉLOI.

Merci, père Denis ! (Il s'éloigne et sort.)

DENIS.

Bon ! bon !

DENISET.

Mon père est rentré vite à l'ouvrage.

ÉLOI, sortant.

Au revoir, père Denis.

DENIS.

Je n'y tiens pas, là, franchement ! (A lui-même.) Il m'a pris la moitié de mon argent, comment faire à cette heure ? (Ils s'éloignent chacun de son côté ; Deniset à l'établi, Jeanne s'abrite à l'angle de la haie et le regarde travailler. Le taupier se lève pour partir.)

DENIS.

Vous partez, taupier ? Il y a de l'ouvrage dans le clos, tenez, là, à droite.

LE TAUPIER.

C'est une autre paire de manches, alors ! j'y vais. (Il entre dans l'enclos qui est bordé par une haie, de façon à ce qu'on la voie aller et venir de temps à autre.)

DENIS.

Je vais vous montrer le chemin !

SCÈNE XV.

CHAMOUNIN, DENIS, JEANNE, DENISET, au fond ; LE TAUPIER, dans le clos.

CHAMOUNIN, sortant de sa maison.

Où peut-elle être fourrée, cette vagabonde-là ? (L'apercevant.) Ah ! (Il s'avance sans être vu derrière Jeanne, qui regarde Deniset travailler, et la saisit brusquement par le bras.) Ah ! je t'y prends encore !

JEANNE, effrayée.

Aïe ! aïe ! monsieur Chamounin !

CHAMOUNIN, la poussant dans la maison.

Veux-tu bien aller voir à tes torchons, tout de suite !.. et plus vite que cela !

DENISET, au fond, à lui-même.

Pauvre Jeanneton !

CHAMOUNIN, au moment de rentrer, aperçoit Denis qui est resté rêveur, à lui-même.

Tiens ! tiens ! on dirait qu'il a des ennuis. Est-ce que ça s'embrouillerait déjà par ici ? (Haut et s'approchant.) Eh bien ! dites donc, ça a l'air d'aller dru chez vous, voisin, les affaires... eh ! eh !..

DENIS, un peu embarrassé.

Oh ! pour ce qui est de cela, je ne me plains pas... cependant...

CHAMOUNIN.

Allons, tant mieux ! tant mieux ! (Avec intention.) Pour lors ; ça ne vous gêne pas de me payer les cent pistoles que je vous ai prêtées il y a six mois pour réparer votre grange... et de quoi vous m'avez fait le billet pour la Saint-Martin ?

DENIS.

Oh! oh! à la Saint-Martin, je ne serai pas embarrassé, je pourrai en payer bien d'autres... mais...

CHAMOUNIN.

C'est que je ne voudrais pas vous gêner, au moins... (A lui-même, tout désappointé.) Ouais! est-ce que ça serait tout de même vrai, ce qu'il dit là?

DENIS, continuant.

Mais, pour le quart d'heure... on peut se dire ça entre voisins, n'est-ce pas? les payements se font si mal... je suis un peu gêné, et si je pouvais trouver encore cinq cents francs, ça ferait bien mon affaire.

LE TAUPIER, passant la tête.

Encore un mouton qui bêle après le boucher! (Il reprend son travail.)

CHAMOUNIN, avec joie, à part.

Ah! ah! (Haut, et d'un ton bonhomme.) Eh! bon Dieu! qu'est-ce qui n'est pas gêné!.. un peu plus, un peu moins. Tenez, moi qui vous parle... j'ai bien été obligé d'emprunter...

DENIS, étonné.

Vous, père Chamounin?

CHAMOUNIN.

Dame! je n'avais plus d'argent comptant, les affaires sont si dures!

DENIS.

Ah! ça, c'est bien vrai!

CHAMOUNIN, continuant avec intention.

Mais un billet de banque de cinq cents francs, ce n'est pas la mer à boire... il y a encore des amis.

LE TAUPIER, qui depuis un instant a paru près de la haie et accroche des taupes à un arbre; à lui-même.

Des amis... à quinze du cent!

CHAMOUNIN, continuant.

Et si vous m'aviez tant seulement dit cela hier... quand je suis allé à la ville...

DENIS, vivement.

Vous auriez pu me les faire prêter?

CHAMOUNIN.

J'aurais arrangé votre affaire avec la mienne, donc... et j'aurais rapporté vos cinquante pistoles avec les autres (Appuyant.) qui sont chez moi; je n'y ai pas encore touché.

DENIS, tout à coup.

Femme, apporte une bouteille! Si nous buvions un coup en jasant, voisin?

CHAMOUNIN.

Ce n'est pas de refus. (Denise apporte une bouteille. Denis verse, ils trinquent. — A Denis.) C'est tout de même fâcheux que vous ne m'ayez pas dit cela hier... parce qu'aujourd'hui il n'est plus temps. Mon homme de la ville avait à payer ce matin; il n'a plus d'argent, c'est sûr... — Hum! joli petit vin!

DENIS.

Ça m'aurait pourtant rendu service! (Après un instant.) Est-ce que vous en avez bien besoin de cet argent-là, voisin?

CHAMOUNIN, avec intention.

Dame! écoutez, je vas vous dire... (Toussant.) Hum! hum! le coffre n'est plus très-bon... le cidre me délabre à cette heure; il faut que j'achète du vin, que je me donne des douceurs... ça coûte cher de devenir vieux!.. Sans ça, tenez, je vous vois si peiné, qu'il y a longtemps que je vous aurais proposé de vous céder mon emprunt aux mêmes conditions, mais... (Changeant de ton.) Combien qu'il coûte le vin pour le moment?

DENIS, vivement.

Quatre-vingts francs la pièce; mais si ce n'est que ça, j'en ai dans ma cave... et vous me l'auriez payé quand vous auriez voulu...

CHAMOUNIN.

. Oh! non... je n'aime pas devoir. (Avec intention.) Ah! c'est malheureux tout de même que vous ne m'en ayez pas parlé hier.

DENIS, après avoir hésité.

Eh bien! il y a peut-être moyen de s'arranger!.. — voyons... un service en vaut un autre, pas vrai?... Vous me cédez votre emprunt, et je vous donne une feuillette de mon vin... cela vous convient-il?

CHAMOUNIN.

Non, non, je ne veux pas vous mettre en frais; pourtant je ne peux plus m'en passer.

DENIS, insistant.

Puisque cela me va comme cela...

2

CHAMOUNIN, comme forcé.

Dame! si ça vous arrange!... mais ce n'est pas moi qui l'exige au moins!... c'est bien pour vous rendre service!...

DENIS.

Je l'entends ainsi... — Voyons les conditions?

CHAMOUNIN.

Le denier six, donc!... Comme dans les affaires, ce n'est pas un Turc, cet homme!

DENIS.

Ça, c'est juste!

CHAMOUNIN, après un instant.

Seulement... je lui ai donné un sac d'avoine comme pot de vin.

DENIS, se récriant.

Un sac d'avoine! elle a fait vingt-deux francs au dernier marché!

CHAMOUNIN.

Je sais bien, mais il n'y a pas eu moyen sans cela... — Entre nous, je crois qu'il m'a tondu un peu de près tout de même!

DENIS, se décidant.

Allons! topez là, compère! j'aime encore mieux ça que de manquer les travaux de M. le curé. — C'est égal, vous me rendez là un fier service!

CHAMOUNIN, avec affectation.

C'est si bon d'obliger un voisin!... Je vais vous chercher la somme, je suis à vous! (Il sort.)

LE TAUPIER, accrochant une taupe.

Voilà les paysans! ils achètent vingt-cinq pour cent ce qui doit leur en rapporter trois!

DENIS.

Oh! c'est une marchandise qui est chère, l'argent!

CHAMOUNIN, revenant.

Voilà la somme, maître Denis, si vous voulez compter.

DENIS.

A la vôtre d'abord! (Ils trinquent, Denis compte l'argent.) C'est drôle!

CHAMOUNIN.

Quoi?

DENIS.

J'ai la berlue, je trouve vingt francs de moins.

CHAMOUNIN.

Ah ! c'est juste, j'avais oublié de vous dire... Il faut bien que je garde une couple de pistoles. On a toujours besoin d'argent comptant dans un ménage !

DENIS, faisant la grimace.

C'est donc ça !

CHAMOUNIN, vivement.

Vous avez un an. J'ai fait mon billet pour la Saint-Jean d'été, vous allez me faire le vôtre pour cette époque-là. Et, tenez, si ça peut vous obliger, eh bien ! vous comprendrez avec les mille francs de la Saint-Martin... ajoutez l'intérêt du tout, — dix sous pour le sac, — et je vous rendrai votre billet... si cela vous va, s'entend !

DENIS.

Ma foi, j'aime autant cela. Femme, apporte la plume et l'encre ! (Denise obéit.)

CHAMOUNIN.

Je dois avoir encore sur moi du papier marqué. (Il le lui donne.)

DENIS, écrivant. Chamounin dicte en même temps que Denis.

A la Saint-Jean d'été qui vient, je m'engage, etc...

CHAMOUNIN.

Voilà qui est fait. Ah ! je vous demanderai quinze sous pour le papier marqué ! Ça coûte, ces objets-là !...

DENIS, grondeur.

Oui, oui, je le sais. (Il le paye.)

CHAMOUNIN.

Venez-vous reprendre l'ancien billet ?...

DENIS.

Vous me le rapporterez tout à l'heure. Vous mangez la soupe avec nous ?

CHAMOUNIN.

Et de bon appétit !

DENIS, appelant son fils.

Niset ! prends la brouette, et roule chez le voisin un sac d'avoine et une feuillette de vin.

DENISET.

Oui, père. (Il prend la brouette et disparaît par la porte de la grange.)

DENIS, parlant à la porte du cabaret.

Je m'en vais pour cinq minutes ; il faut que j'aille voir où en est la charpente de l'église.

DENISE, de l'intérieur.

N'oublie pas que c'est ta fête ce soir.

DENIS.

Je reviens tout de suite. (Il sort. Louvot, qui vient de paraître, se cache derrière la haie en voyant Denis et le laisse passer.)

SCÈNE XVI.

CHAMOUNIN, puis LOUVOT, DENISET, qui roule le vin;
LE TAUPIER, dans le clos et observant la scène.

CHAMOUNIN.

Eh! eh! m'est avis que cette maison-là ne m'appartient déjà plus qu'à moitié. Te voilà, Louvot! (Il se frotte les mains.) Qu'est-ce que tu as donc? tu as un air singulier.

LOUVOT, troublé.

Moi?... je n'ai rien... Qu'est-ce que vous voulez que j'aie?

CHAMOUNIN, rentrant chez lui.

C'est que tu es tout pâle...

LOUVOT, même jeu.

Vous trouvez? peut-être bien, après ça. (Il court vivement au fond.) Ah! le voilà à ses travaux!... il monte sur l'échafaudage, il approche! ah! mon Dieu! (Redescendant, hors de lui.) Tant pis! aussi, ça lui apprendra à être un mauvais patron!..

CHAMOUNIN, sortant et parlant à Jeanne. Il tient le billet.

Tu entends, Jeanne, ne mets pas le morceau de salé dans le pot; je ne soupe pas chez nous ce soir.

LOUVOT, cherchant à dissimuler son émotion.

Où donc allez-vous, père Chamounin?

CHAMOUNIN.

Je vais chez Denis; il faut que je lui rende ce billet-là, il l'a payé.

LOUVOT, troublé.

Ah!... chez Denis?

LE TAUPIER, toujours dans le clos.

Toujours le loup et le louveteau! on dirait qu'ils complotent ensemble!

CHAMOUNIN, qui a regardé Louvot.

Ce n'est pas Dieu possible! tu as quelque chose, Louvot!... Je ne t'ai jamais vu comme cela.

LOUVOT, vivement.

C'est que vous savez bien?..

CHAMOUNIN.

Non, je ne sais rien.

LOUVOT.

Je pense à ce que vous m'avez promis tantôt... — Vous ne l'avez pas oublié peut-être bien?

CHAMOUNIN.

Je ne t'ai rien promis...

LOUVOT.

Cependant vous m'avez dit...

CHAMOUNIN, l'interrompant.

Tais-toi, voilà le Niset!

LOUVOT, à part.

Il a compris!

DENISET, traversant le théâtre en roulant une pièce de vin.

Dites donc, père Chamounin, je croyais que vous ne buviez que du cidre?

CHAMOUNIN.

Hé! que veux-tu? à mon âge, il faut bien se mijoter un peu!

DENISET, riant.

Faudra faire une croix à la cheminée, alors! (Il disparaît avec la pièce.)

CHAMOUNIN, vivement à Louvot.

Je t'ai dit, je t'ai dit si Denis n'y était plus... à preuve que tu m'as répondu... un malheur, ça arrive si vite... dans le bâtiment! (Cris, rumeurs. Des paysans accourent sur le théâtre, tout le monde se met aux portes.)

SCÈNE XVII.

CHAMOUNIN et LOUVOT, sur le devant de la scène, DENISE, sur la porte du cabaret, DENISET, JEANNE, sortant de chez Chamounin, LA GRAND'MÈRE, sur sa porte, MARTIN, LE TAUPIER, dans le clos, PAYSANS.

CHAMOUNIN.

Qu'est-ce que c'est? Qu'est-ce qui arrive? (Deniset, Jeanne Denise, paraissent)

MARTIN, accourant suivi de quelques autres.

Oh! madame Denise, quel malheur! Du haut de son écha
faudage... pauvre Denis... la planche a tourné!

DENISE, avec un cri.

Ah! notre homme!

DENISET.

Mon père! mon père!

LA GRAND'MÈRE.

Mon fieu! (Ils se précipitent tous en dehors.)

CHAMOUNIN, regardant Louvot.

Quel malheur! quel malheur!

LOUVOT, tout troublé, à Martin.

Ça arrive souvent... Vois-tu, Martin, je vais t'expliquer
cela... l'échafaudage... la planche. (Martin remonte sans l'entendre.)

MARTIN, disparaissant.

Un si bon patron!

CHAMOUNIN, le poussant à l'écart, à voix basse.

Tais-toi donc, malheureux, tu vas te trahir!

LOUVOT, vivement à Chamounin, avec intention.

Mais cachez donc ce billet-là; vous ne pouvez pas le lui
rendre à cette heure.

CHAMOUNIN, remettant le billet dans sa poche, à mi-voix.

Au fait! — viens chez moi, nous causerons!

LOUVOT.

Enfin!

LE TAUPIER, sortant du clos et paraissant en scène.

M'est avis que voilà deux gibiers qu'il serait bon de faire
traquer. (Après réflexion.) Peuh! ça sort de ma spécialité... on
n'aurait qu'à me mettre dans les journaux! (Il s'avance vers
Chamounin et Louvot qui causent à voix basse.) Eh bien! il n'y a pas
mal de taupes dans ce pays-ci, pas vrai? (Chamounin et Louvot
restent stupéfaits.)

FIN DU PREMIER ACTE.

ACTE DEUXIÈME.

L'intérieur d'un cabaret, chez Denise ; un coucou, une grande cheminée à manteau, où pend une crémaillère. — A droite, une huche. — Tables et bancs de bois reluisants. — Au mur, des gravures d'Épinal : le Juif errant, Guillaume Tell, le Petit-Caporal et Poniatowski. — Au fond, la porte d'entrée, donnant sur la place du village.

SCÈNE PREMIÈRE.

LA GRAND'MÈRE, puis CHAMOUNIN.

(Au lever du rideau, la grand'mère est assise et taille la soupe à même une grande miche dans un pot en fer.)

LA GRAND'MÈRE.

Dépêchons ! voilà l'heure de la soupe. (Elle accroche le pot à la crémaillère, jette une bourrée dans l'âtre, s'accroupit et souffle en mettant ses deux mains devant sa bouche. Paraît Chamounin.

CHAMOUNIN, passant la tête à la porte d'entrée.

Bonjour, la mère ! Est-ce qu'elle est sortie, la bourgeoise ?

LA GRAND'MÈRE, retournant la tête d'un ton bourru.

Non point ! (Chamounin entre.) Elle est là dans sa chambre à revoir des comptes. — Poussez la porte !

CHAMOUNIN, frappant à la porte de droite.

Pardon, madame Denis ; est-ce qu'on peut entrer ?

VOIX DE DENISE.

Entrez, monsieur Chamounin, entrez.

LA GRAND'MÈRE.

Qu'est-ce qu'il nous veut encore, celui-là ? Depuis qu'il est venu dans la maison, la ruine y est venue avec lui, et le bon Dieu sait quand nous en verrons la fin. C'est lui qui a quasi forcé ma fille à confier son atelier à Louvot. (Elle se remet à souffler le feu.)

SCÈNE II.

LA GRAND'MÈRE, DENISET.

(Deniset entre les cheveux en désordre, la blouse déchirée, les guêtres boueuses, un carnier au dos.)

DENISET.

Bonjour, grand'mère!

LA GRAND'MÈRE.

Ah! c'est toi, Niset!.. Comme il y a longtemps qu'on ne t'a vu!...

DENISET.

Oui, j'ai été au bois retirer mes collets.

LA GRAND'MÈRE.

Tu as tort, Niset; c'était bon quand tu étais enfant, d'aller au bois! Tu as le poignet solide et l'épaule large, c'est mal de vivre comme un vagabond. — Enfin, que fais-tu? où couches-tu? où manges-tu?

DENISET.

Je fais des journées dans les environs, quand je trouve à en faire; et quand je n'en trouve pas... (Il montre un lapin dans son carnier.)

LA GRAND'MÈRE.

Tu braconnes! Ce n'est pas un état honnête, ça, Niset. Et comme te voilà fait! (Elle arrange ses vêtements.) Ta blouse est toute déchirée; donne, je vais y faire une reprise, et puis tu mangeras un morceau. Vois-tu, mon Niset, il faut travailler, tu as l'air d'un mendiant.

DENISET, ôtant sa blouse.

Mais, grand'mère...

LA GRAND'MÈRE, mettant ses lunettes, tout en cousant.

Regarde-moi, je suis vieille; je n'en ai plus pour longtemps à vivre, je le sens bien; mais je travaille encore tout de même! Défunt ton père, mon pauvre Denis, qui était un brave homme, lui, avait coutume de dire que les bons ouvriers sont aimés de tout le monde, y compris les bêtes. — Les sansonnets volent autour du berger dans la plaine; le lièvre accroupi regarde sans crainte le laboureur mener son sillon. Et quand je vais laver le linge à la rivière, j'entends dans le haut des peu-

pliers les petites lavendières qui chantent aux battements de
mon battoir. C'est comme une voix du bon Dieu qui me dit :
Courage! Et je travaille plus contente, tout en branlant la
tête, les bras dans l'eau, les reins courbés, malgré mes
soixante-dix ans !

DENISET.

Oui, vous êtes une vaillante femme, vous, grand'mère ; seulement, pour travailler, il faut avoir de l'ouvrage, et on n'en
trouve pas partout, dans cette saison. Quand viendront les
foins, j'irai à la ferme.   •

LA GRAND'MÈRE.

Chez les autres! Est-ce qu'il en manque ici, de l'ouvrage?
Tu ne sais pas ce que c'est que les autres ! Si fort qu'on peine,
on n'est encore bien que chez soi, va, petit.

DENISET, brusquement.

Est-ce que je suis chez moi, ici? (Silence.) Vous ne répon-
dez pas, grand'mère? Le maître, c'est Louvot! Depuis qu'il
s'est impatronisé ici sous prétexte que j'étais trop jeune pour
faire marcher le fonds, et que des femmes ça ne connaît rien
aux affaires, il en a pris plus à son aise de jour en jour; il
était doux et poli dans les commencements! « Ma bonne
dame! La bourgeoise!» qu'il disait à ma mère d'un ton
mielleux. Aujourd'hui, il mène tout. Ma mère, — pauvre
femme! — ma mère courbe la tête et obéit sans souffler mot.
Quant à vous, qui êtes vieille, grand'mère, on vous oublie, et
le pain qu'on vous doit, on vous en jette les miettes presque
comme une aumône!

LA GRAND'MÈRE.

Tu écoutes une rancune, Niset, tu vas trop loin !

DENISET.

Ah! ça, c'est vrai, je ne sais pas pourquoi, mais je ne l'aime
guère... Si je traîne les grandes routes, si je cours les bois...
(Avec effort.) c'est que... c'est que je ne puis pas rester ici, enfin ! (Après une pause.) Sans ce Louvot, je travaillerais comme
un limonier, du matin au soir; ma mère ne pleurerait plus
en cachette; vous, grand'mère, à tous les repas, vous tien-
driez le haut bout de la table, vous auriez la plus large chaise
au coin du feu ; quand vous sortiriez, ça ne serait pas pour aller
à votre âge laver du linge dans l'eau froide ou porter du bois,
ce serait pour vous réchauffer au soleil et respirer l'air en re-

pos. Je ferais enfin comme eût fait mon père, un brave homme, lui, comme vous disiez tout à l'heure!

LA GRAND'MÈRE.

Oh! tu ne l'as donc pas oublié!

DENISET.

Tenez, grand'mère, restons-en là, car cette conversation me fait mal.

LA GRAND'MÈRE.

Tu as peut-être raison. Tiens, voilà ta blouse; dépêche-toi de manger ta soupe. Il est à mettre du vin en bouteille, là, à côté; je ne l'aime pas non plus, moi, va! (Elle sort.)

DENISET, se mettant à table.

Merci, grand'mère. (Il mange sa soupe.)

LA GRAND'MÈRE.

Je n'ai que du fromage et des pommes à te donner; il y a maigre chère aujourd'hui. Si tu étais venu dimanche, nous avons mis le pot.

DENISET.

On ne le met plus que le dimanche, à présent? Tenez, il y a là un lapin de garenne à faire sauter, car je vois qu'on vous nourrit mal ici.

SCÈNE III.

LES MÊMES, MARTIN, ÉLOI, LE BELGE.

LE BELGE, entrant.

Du vin et des cartes!

LOUVOT, passant la tête par le soupirail de la cave.

Voilà! voilà! Je vous sers, mes gars, et du plus frais!. (Donnant des verres et apercevant Niset.) Tiens! te voilà, beau merle!

DENISET.

Oh! cet homme. (Il lui tourne le dos.)

LA GRAND'MÈRE.

Ne pars pas tout de suite, je vais dire à ta mère que tu es là et profiter du soleil pour étendre mes cajeaux.

DENISET.

Je vais avec vous, la besogne sera plus vite faite. (Regardant les pommes et le fromage.) Et le dîner ne refroidira pas!

LOUVOT.

Il faudrait peut-être des ortolans à Monsieur ?

DENISET, froidement.

Venez, grand'mère. (Sortent Deniset et la grand'mère.)

SCÈNE IV.

LOUVOT, LE BELGE, MARTIN et ÉLOI.

LE BELGE.

Tu boiras bien un coup avec nous, Louvot?

LOUVOT.

Le Belge, ça n'est jamais de refus entre bons compagnons. (Ils trinquent.)

ÉLOI.

Dis donc, Louvot, voilà un petit vin chrétien comme toi et moi; toute l'eau ne va pas à la rivière. La bourgeoise n'a donc plus la tête au cellier ?

LE BELGE.

Où donc peut-elle avoir la tête, la bourgeoise? savez-vous, hein ! Martin?

MARTIN.

Dame! ça ne me regarde pas, moi; j'ai cinq enfants et une femme.

ÉLOI.

Le proverbe dit que les nombreuses familles sont bénies de Dieu! mais ça gêne les opinions, faut croire! Dis donc, toi, Louvot, qui es de la maison, ne saurais-tu point où la Denise a la tête?

LOUVOT, riant bêtement.

Vous êtes des malins, vous autres!

LE BELGE.

Oh! ça n'est pas histoire de malice; mais il faut convenir que tu as une jolie chance, savez-vous, mon gars! du linge blanc comme un patron, les bons morceaux du fricot, et de la besogne facile à faire... pas vrai, Martin ?

MARTIN.

Louvot me paye mes baliveaux sans marchander.

ÉLOI.

Il est généreux, Louvot, da! ça nous vient comme ça tout

de suite. Ce n'est pas pour dire, mais la bourgeoise a été bien heureuse aussi de trouver là dans sa maison un gaillard complaisant et entendu aux affaires, il n'y en a pas comme Louvot.

LOUVOT.

On n'est pas fait d'hier, sans compter qu'on en vaut un autre.

LE BELGE, finement.

Peut-être bien deux, savez-vous! auquel cas la Denise ne serait point à plaindre non plus.

LOUVOT, pudique.

Voyons, voyons, les enfants, finissez vos balivernes.,. si l'on entendait...

ÉLOI.

Il a rougi!

LE BELGE.

Il a rougi! tu l'as bien vu, Martin, qu'il a rougi?

MARTIN.

Ah! par ma foi, je ne sais pas, j'avais les yeux dans mon verre.

ÉLOI.

Et tu voyais au fond tes cinq enfants?

MARTIN.

Oui, je les vois toujours!

LOUVOT.

Tenez, vidons le pot.

LE BELGE.

C'est une raison, ça, savez-vous?

LOUVOT.

Je redescends à la cave, je veux vous rendre votre politesse; mais pas un mot, hein! les enfants. (A part, se frottant les mains.) Tout le pays en jasera ce soir! (Louvot sort.)

SCÈNE V.

LES MÊMES, moins LOUVOT, puis DENISET.

ÉLOI, regardant Louvot sortir.

Nous jouons le pot en cent cinquante de piquet, voulez vous?

LE BELGE.

Ça y est... A qui fera? A toi, Martin.

MARTIN.

Coupe.

ÉLOI.

En voilà un finaud que ce Louvot; il fait son lard.

LE BELGE.

Quarante-neuf, à cœur!

ÉLOI.

Cinquante en carreau! (Ils jouent.) Tiens, Martin, te voilà capot, tu n'es pas comme Louvot, qui sait se garder à carreau, celui-là.

LE BELGE, battant les cartes.

C'est égal, je n'aurais jamais cru ça de la Denise! (Entre Deniset, qui s'arrête au nom de sa mère.)

ÉLOI, jouant.

Dans le fond, pour une femme de quarante ans, elle est fièrement conservée.

DENISET, à part.

Ma mère !

ÉLOI.

Voilà un an que Denis est trépassé, et il n'est pas beau, Louvot, ni aimable; il n'a rien pour lui, quoi! Oh! les femmes! (Deniset s'avance à petits pas.)

MARTIN.

Les femmes! il n'y en a que deux dé bonnes : y en a u de perdue, et on n'a pas encore trouvé l'autre!

LE BELGE.

Personne ne la salue plus à cette heure.

ÉLOI.

Ça, c'est vrai !

LE BELGE.

Finalement, c'est une pas grand'chose, savez-vous ? parce que quand on a un fils de l'âge de Deniset.

DENISET, éclatant.

Quand on a un fils de l'âge de Deniset, il faut que les mauvaises langues se taisent et fassent bien attention à leurs paroles! Sortez tous. (Ils se lèvent.)

MARTIN.

Ah! dame! on ne te savait pas là! Moi, d'abord, je n'ai rien dit!

3

DENISET.

Vous êtes des misérables, des menteurs et des lâches; le maître ici, c'est moi, et je vais vous le prouver en vous jetant à la porte si vous tardez.

LE BELGE.

Parle-t-il assez haut! un braconnier! Il y a d'autres cabarets dans le village. (Ils gagnent la porte.)

DENISET.

Vous faites bien de sortir, parce que, mordieu!..

LE BELGE, sur le seuil; entre Louvot, un broc à la main.

On y reviendra, dans ta barraque, la semaine des quatre jeudis, et, cette semaine-là, je te payerai ton vin. (Ils sortent bruyamment. Louvot est entré.)

SCÈNE VI.

DENISET, LOUVOT.

LOUVOT, dans le fond, les bras croisés.

Peut-être bien qu'on gagne trop d'argent dans le charronnage, pour que tu chasses les pratiques du cabaret de ta mère?

DENISET.

Ah! décidément, tu tiens à causer, toi! eh bien! soit...

LOUVOT.

Causer, non; je veux dire seulement que si on ne te voit pas souvent, au moins ça porte bonheur quand on te voit!

DENISET.

Ce sont tes affaires, sans doute?

LOUVOT.

Pas tout à fait, quoique ça me regarde un peu, peut-être bien; mais je suis certain que ta mère ne te remerciera pas pour ta peine, et comme la voilà, rien n'est plus facile que de lui demander son avis. (Denise et Chamounin entrent.)

SCÈNE VII.

DENISET, LOUVOT, CHAMOUNIN, DENISE.

DENISE.

De quoi s'agit-il donc, Louvot?

LOUVOT.

Peut-être bien que j'ai tort, la bourgeoise, puisque votre fils le dit; mais il me semble qu'on ne voit pas ici tant de pratiques pour mettre à la porte celles qui y viennent.

DENISE.

Comment! Niset, tu sais jusqu'à quel point nous sommes gênés, et au lieu de nous aider par ton travail, tu apportes le désordre dans la maison?

DENISET.

Ma mère!

DENISE.

Tu me fais beaucoup de mal, mon enfant, et j'ai bien assez de chagrins sans ceux que tu me causes, va!

CHAMOUNIN.

Est-ce qu'un grand garçon de ton âge ne devrait pas travailler du matin au soir, au lieu de courir aux lièvres.

LOUVOT.

Un beau métier!

CHAMOUNIN.

Sans compter qu'un jour ou l'autre les gendarmes finiront bien par te pincer.

DENISET, avec colère.

Monsieur Chamounin!

CHAMOUNIN.

Ah! moi, ce que j'en dis, c'est à cause de ta pauvre mère; car enfin si tu n'es qu'un fainéant, je n'ai rien à y voir.

DENISE.

Avec ta conduite, voilà la réputation que tu te fais!

DENISET.

Du côté du travail, j'ai mes raisons, (Regardant Louvot.) et il viendra un jour où je les dirai; quant à ce qui est de ma dispute de tout à l'heure, j'ai fait mon devoir, et si vous saviez les motifs de ma colère...

DENISE.

Parle! parle! alors...

DENISET, avec rage.

Mais je ne peux pas, je vous dis que je ne peux pas...

CHAMOUNIN.

Peut-être que c'est une bonne raison, ça! (A Denise.) Ah! vous êtes bien malheureuse!

DENISE, à Deniset.

Tu le vois, tu as encore tort.

DENISET.

Moi, j'ai tort?

DENISE.

Sans doute! Vois-tu, Niset, tu me feras mourir; je ne te croyais pas pourtant un mauvais cœur.

DENISET, éclatant.

C'est vous, ma mère, vous qui m'accusez et qui voulez tout savoir! Eh bien!... Qu'allais-je faire? Il faut que je m'en aille, laissez-moi m'en aller. (Il sort en fermant bruyamment la porte.)

SCÈNE VIII.

DENISE, CHAMOUNIN, LOUVOT.

DENISE.

Ah! je suis bien à plaindre, monsieur Chamounin!

CHAMOUNIN.

Que voulez-vous, madame Denise, tout un chacun a ses peines en ce monde, allez! mais il faut reprendre courage; vous avez de bons amis qui ne veulent que votre bien, pas vrai, Louvot?

LOUVOT.

Oh! pas autre chose, pour sûr! (A part.) Tout votre bien, terre et maison.

CHAMOUNIN.

Et nous ne sommes ici que pour vous tirer d'embarras, voyez-vous! Le bon Dieu est juste, et il viendra un temps où vous serez heureuse, vrai. Seulement, pour ça, il faut un peu nous laisser faire, pas vrai, Louvot?

LOUVOT.

Eh! peut-être bien, la bourgeoise.

DENISE.

Alors, dites-moi comment il faut m'y prendre, je suis prête à vous écouter.

CHAMOUNIN.

Eh bien! causons. Vous me devez de l'argent, n'est-ce pas? un billet de quinze cents francs que j'avais renouvelé à ce pauvre Denis que nous aimions tant le jour de l'accident. Ah! en voilà encore un qui était une crème d'honnête homme! pas vrai, Louvot?

LOUVOT, levant la main.

Oui... oui...

DENISE.

Hélas! monsieur Chamounin, vous savez bien que depuis lors je n'ai pas eu un sou pour vous payer.

CHAMOUNIN.

Eh! je ne le sais que trop! je pourrais vous poursuivre.

DENISE, suppliante.

Oh! monsieur Chamounin!

CHAMOUNIN.

Soyez donc tranquille! ça m'ennuierait plus que vous d'être obligé d'en venir là, car enfin j'ai connu Denis, nous étions compères, et nous avons bu plus d'une bouteille ensemble, le dimanche, après vêpres. Je puis dire que je l'aimais comme un frère; on n'a pas vécu porte à porte en bons voisins pendant sept ans sans que ça ne vous laisse un souvenir. J'y pense toujours à ce pauvre homme; il me semble encore entendre sa voix. « Eh! bonjour, père Chamounin, qu'il me disait gaiement en allant à l'ouvrage, que pensez-vous du temps, ce matin? » car il m'estimait aussi, lui, et alors, voyez-vous, madame Denise, bien vrai, ça me crèverait le cœur s'il fallait que je fasse de la peine à sa veuve.

DENISE.

Vous êtes bon, monsieur Chamounin.

CHAMOUNIN.

Pour ça, oui, et j'en suis fier; mais comprenez, il faut bien que je rentre dans mon pauvre argent, car je ne suis pas riche non plus. Je sais bien qu'il y en a qui disent dans le pays : « Oh! le père Chamounin a ci, le père Chamounin a ça; » mais non, je n'ai que de quoi vivre, et encore! C'est pourquoi je suis forcé de demander à ceux qui me doivent... il faut que je mange.

LOUVOT.

Ça, c'est trop juste, père Chamounin. (Bas, en lui poussant le coude.) Et allez donc!

CHAMOUNIN.

Pour lors, voici ce que j'ai imaginé, madame Denise, e

croyez bien que c'est à votre avantage, parce que moi d'abord, avant tout, je suis un honnête homme; pas vrai, Louvot?

CENTER: LOUVOT.

Père Chamounin, je répondrais de votre honnêteté comme de la mienne.

CENTER: CHAMOUNIN.

Si je faisais vendre votre atelier de charronnage et votre cabaret, et ,dame! je le peux, je suis dans mon droit; avec les frais, ça ne couvrirait pas ce que vous me devez. Il ne se vendrait pas cher, l'atelier, car, sans vous offenser, depuis la mort de Denis, il ne vaut plus grand'chose : aussi j'ai trouvé un biais qui contentera tout le monde, et c'est bien simple, vous cédez l'atelier...

CENTER: DENISE.

Céder l'atelier! Je ne peux pas, c'est le bien de mon fils.

CENTER: CHAMOUNIN.

Mais écoutez donc! il vous reste toujours votre cabaret, où vous gagnerez de l'argent, parce qu'un cabaret ça va à une femme. Vous savez bien que vous ne devez pas compter sur votre fils.

CENTER: DENISE.

Non, c'est impossible... je ne peux pas.

CENTER: CHAMOUNIN.

Après tout, madame Denise, il n'en sera que ce que vous voudrez; mais alors, mon argent...

CENTER: DENISE.

Mon Dieu! mon Dieu!

CENTER: CHAMOUNIN.

Allons, soyez raisonnable. J'avais pourtant bien arrangé ça, dans votre intérêt. Tenez, Louvot, un brave garçon, quand je lui ai dit mon plan, il n'a pas voulu m'écouter non plus, à cause de vous; mais il a fini par comprendre, et il se sacrifie. Voilà la chose : Louvot vient de faire un petit héritage; il a quelques économies par derrière lui et il consent à reprendre votre fonds; seulement, au lieu de vous donner l'argent, il me rembourse en partie mon billet, et nous sommes quittes. Nous nous sommes entendus ensemble pour la différence.

CENTER: DENISE.

Mais alors, je n'ai plus rien?

CENTER: CHAMOUNIN.

Mais si, vous avez toujours votre cabaret!

DENISE.

Un fonds qui nous a coûté si cher !

LOUVOT.

Il est bien bas à cette heure. Je le sais, moi qui dirige à présent les travaux pour votre compte.

DENISE, pleurant.

Ce n'est pas vendu, c'est donné! Le bien de mon pauvre enfant !

LOUVOT, prenant Denise à part.

Écoutez, la bourgeoise, c'est encore ce qu'il y a de mieux à faire, sans ça on vous vendrait tout, et, si vous le voulez, je vais rester seul avec le père Chamounin ; c'est un bonhomme, et je tâcherai qu'il donne un peu de retour.

DENISE, s'en allant.

Faites donc pour le mieux, alors !...

CHAMOUNIN.

Soyez tranquille, madame Denise, nous arrangerons ça en amis, et de confiance, sur un petit bout d'écriture. (Denise sort.) A revoir, madame Denise, à revoir.

SCÈNE IX.

CHAMOUNIN, LOUVOT.

LOUVOT, frappant sur l'épaule de Chamounin.

Eh bien! père Chamounin, vous voilà arrivé à vos fins; vos pistoles vont faire des petits.

CHAMOUNIN.

Ni oui, ni non. On voit bien quand l'argent sort, on ne sait pas quand il rentre. Et toi donc, tu as encore la meilleure part, te voilà patron, à présent!

LOUVOT.

Oh! vous me la louez cher, votre boutique, et vous en devenez propriétaire pour pas grand'chose. (A part.) C'est égal, me voilà patron tout de même! (Haut.) Et vous ne le donnez pas pour rien non plus, le fonds... un fonds tombé.

CHAMOUNIN.

Oh! tombé ! tombé !

LOUVOT.

Ah ! oui donc, tombé tout raide ; il ne reste pas tant seulement une pratique. La mairie fait sa commande au canton à cette heure ; ça sera dur à relever.

CHAMOUNIN.

Allons, entre nous, ce n'est pas la peine de nous conter des histoires. Si l'atelier est tombé...

LOUVOT.

Oh ! il faut être juste, j'ai bien suivi la consigne ; la maison discréditée, la femme perdue de réputation ; convenez qu'on n'a rien épargné pour vous être agréable... Mais aussi vous me devez une petite bonification pour la peine.

CHAMOUNIN.

Hein ?

SCÈNE X.

LES MÊMES, JEANNE.

JEANNE, entrant.

Mon père, le métayer du Bois-Carreau vient d'apporter du grain et de la luzerne.

CHAMOUNIN.

Le métayer du Bois-Carreau ! J'y cours. Attends-moi, Louvot, je reviens à la minute. (Il sort. Jeanne va pour le suivre.)

SCÈNE XI.

JEANNE, LOUVOT.

LOUVOT, retenant Jeanne.

On ne dit donc pas bonjour aux amis, ce matin ?

JEANNE.

Bonjour, Louvot, bonjour !

LOUVOT.

Qu'est-ce que tu as donc à guigner de l'œil dans tous les coins?

JEANNE, à elle-même.

Niset n'est pas encore à la maison ! Que peut-il devenir? Voici huit jours que je ne l'ai vu.

LOUVOT.

Pour sûr que ce n'est pas les images du mur que tu re-

gardes avec ces yeux-là! Pour cette fois, ma fille, c'est bien
du temps perdu; l'oiseau s'est envolé tout à l'heure, et je ne
crois pas qu'il revienne au gîte de si tôt. Tiens, Jeanne, là,
franchement, pour une brave fille comme tu l'es, ce n'est pas
honnête de courir après un vagabond comme ton Niset, un
vagabond qui finira mal! — Ah! si sa mère m'écoutait! (Il lui
prend la main; Jeanne recule.) Voyons, Jeanneton, sois raisonnable. Tu ne seras pas heureuse avec lui. Est-ce qu'il est seulement capable de te donner du pain? Tandis que moi, mon
Dieu! peut-être bien que je suis maussade au premier abord,
mais, dans le fond, je suis bonhomme, et je ferai les trois
quarts et demi de tes volontés. Je te baillerais de belles jupes
et des fichus; tu aurais l'air d'une madame. Il faut tenir son
rang; car, tu ne sais pas, je suis patron, à cette heure; c'est à
moi l'atelier de charronnage.

JEANNE.

Comment! le bien à Deniset?

LOUVOT.

A moi... (Se rapprochant.) A nous, si tu veux.

JEANNE.

Tenez, Louvot, je ne sais si vous êtes ou non dans votre
droit, mais ça ne me semble pas d'une bonne nature ce que·
vous faites-là; et, rien que ça...

LOUVOT.

Écoute donc, c'est bien aussi la faute de ton père. C'est lui
qui a tout mené.

JEANNE.

Je n'entends rien à vos affaires, moi; tout ce que je sais,
c'est que cette maison était celle de Denis, votre patron, et
que vous auriez dû la conserver à sa veuve et à son fils.

LOUVOT.

Un flâneur!

JEANNE.

Quant à Niset, vous le savez, je l'aime; et, dépouillé, re-
poussé, vagabond, mendiant, si vous voulez, eh bien, je crois
que je l'en aimerai encore davantage.

LOUVOT.

Bah! bah!.. on estime quelqu'un, on en épouse un autre,
et on est heureuse en ménage... peut-être bien que ça ne se
voit pas tous les jours! Une fois mariée avec moi, tu oublieras
tout cela. Allons, embrasse-moi, Jeannette.

JEANNE, s'enfuyant.

Laissez-moi !

LOUVOT, la poursuivant.

Oh ! je t'embrasserai bien tout de même.

JEANNE, sé redressant.

Laissez-moi!.. vous ne m'avez donc pas comprise?.. Je vous sais méchant, je ne vous aime pas, vous me faites peur. (Elle sort.)

SCÈNE XII.

LOUVOT, seul.

Ça n'est pas tendre, ces adieux-là ! C'est qu'elle était belle avec ses yeux en colère et ses joues en feu... Voyons ! attendons le père Chamounin, le dernier mot de tout ça n'est pas dit, et s'il voulait bien, lui ! c'est que c'est une affaire, oui ! Il n'a pas d'héritiers, pas de parents, le père Chamounin ; et puisqu'il me doit une récompense... (Il se frotte les mains.) Faudra voir ! faudra voir la fin !

SCÈNE XIII.

LOUVOT, CHAMOUNIN.

CHAMOUNIN.

Gai comme un patron.

LOUVOT.

Oui... peut-être bien !..

CHAMOUNIN.

La Denise est consentante ? tu l'as vue ?

LOUVOT.

A quoi bon ? comment voulez-vous qu'elle s'en tire de ce pas-là ? Vous avez creusé des trappes à droite et à gauche, derrière et devant; moi, je pousse, il faut bien qu'elle finisse par choir au mitan... Une fière maison que vous allez avoir là, en vrai béton, dame ! et recouverte en belles tuiles, oui ! Aussi, je suis bien sûr que vous ne me marchanderez pas ma petite récompense.

CHAMOUNIN, à part.

Le diable l'emporte !.. (Haut.) Voyons, qu'est-ce qu'il te faut encore ?

LOUVOT.

Ma récompense, donc ! Me l'avez-vous point promise, dans le temps, vous savez, le soir du jour où le malheureux Denis...

CHAMOUNIN.

C'est bon, c'est bon ! Ta récompense, tu l'auras, nous en reparlerons... plus tard, les rentrées ne se font pas, tout est cher... Mais, tu sais, il suffit d'une bonne année.

LOUVOT.

Mais, si je ne demandais pas d'argent?..

CHAMOUNIN.

Comment! tu ne demandes pas... alors... (Lui pressant les mains.) Ce brave Louvot, tu sais bien que je suis ton ami, moi !

LOUVOT.

Oh ! pour ça, je le sais bien.

CHAMOUNIN.

Parle, mon garçon, parle!.. Du moment qu'il ne s'agit pas d'argent, on peut s'entendre; il ne faut que causer et voir les choses.

LOUVOT.

Sans doute... c'est ce que je disais à Denis, le soir du malheureux jour...

CHAMOUNIN.

Encore ! il me semble pourtant que ce jour-là te regarde plus que moi.

LOUVOT.

Oui, peut-être bien, il y a comme ça des gens qui donnent des conseils en sourdine, puis de pauvres diables qui agissent... C'est facile, pas vrai? Seulement, les pauvres diables qui n'ont pas grand'chose à perdre vont jusqu'au bout.

CHAMOUNIN.

Malheureux ! (Se contenant à peine.) Allons donc! maintenant que le voilà établi à son compte, je n'ai plus rien à craindre. (Haut.) Tu parles comme un procureur et point comme un charron maître. Il n'y a pas besoin de se mettre de gros mots dans la bouche pour causer entre bonnes gens. Si ce que tu demandes est possible,..

LOUVOT.

Oh ! pour possible, vous n'avez qu'à dire oui, et c'est fait.

CHAMOUNIN.

Explique-toi, qu'est-ce que tu veux ?

LOUVOT.

Mais presque rien, je vous dis... votre fille.

CHAMOUNIN.

Comment, ma fille ?

LOUVOT.

Votre fille ! votre fille adoptive, Jeanne, quoi ! Comme ça, nous serons vraiment unis, nos intérêts seront communs. Vous êtes malin, vous, père Chamounin ; peut-être bien que je ne suis pas trop bête, et à nous deux, hein !..

CHAMOUNIN, à part.

Jeanne ! mais alors il me faudrait prendre une servante qui me volerait, et puis... (Haut.) C'est impossible !

LOUVOT.

Et pourquoi donc ?

CHAMOUNIN.

Parce que... parce que... il y a des raisons ; d'abord, c'est une enfant.

LOUVOT.

Ouais !.. des enfants de cette venue, on n'en trouve plus sous les choux. Elle a eu dix-huit ans aux vendanges.

CHAMOUNIN.

Je te l'ai dit, c'est impossible ; et puis, j'y tiens, à cette petite, ça me ferait trop de peine de m'en séparer.

LOUVOT.

Oh ! père Chamounin !...

CHAMOUNIN.

Non, là, vrai.

LOUVOT.

Il faut pourtant être juste ; et ma récompense ?

CHAMOUNIN.

Tu l'auras ! tu l'auras ! foi d'honnête homme.

LOUVOT.

Me voilà bien hypothéqué !

CHAMOUNIN.

Quand je te dis que c'est comme si tu l'avais.

LOUVOT.
Peut-être bien qu'en effet, c'est tout comme!

SCÈNE XIV.

LES MÊMES, puis DENISET.

CHAMOUNIN.
Revenons à nos petits comptes du jour d'aujourd'hui. Nous disons donc que la veuve...

DENISET, froidement.
La veuve, monsieur Chamounin, est en affaires sérieuses avec sa famille. Elle est trop dans l'affliction, à cette heure, pour discuter ses intérêts, nous vous attendrons ce soir.

CHAMOUNIN.
Cela veut dire que je ferais bien de m'en aller.

DENISET.
Cela veut dire que nos tristesses n'ont pas besoin de témoins.

CHAMOUNIN.
Tu parles aujourd'hui! toi le petit! à bon entendeur. (Il ôte son bonnet, s'en va. Louvot veut le suivre.)

DENISET, lui met la main sur l'épaule.
Reste! (Louvot se retourne étonné.) Je te dis de rester!

SCÈNE XV.

DENISET, LOUVOT.

DENISET, pâle et froid.
Cette fois, nous allons causer.

LOUVOT, presque atterré.
Mais qu'est-ce que tu me veux?

DENISET.
Je veux te causer. Écoute, car j'ai longuement pensé à tout ce que je vais te dire. Il court de mauvais bruits sur ma mère, Louvot.

LOUVOT.
Ah! grand Dieu! sur madame Denis... la bonté même!

DENISET.

A cause de toi.

LOUVOT.

De moi?... je ne comprends pas!

DENISET.

C'est que tu ne veux pas comprendre! ces bruits, je pré-
tends qu'ils cessent.

LOUVOT.

Mais je ne demande pas mieux.

DENISET, avec émotion.

Et pour arriver à ce but, il n'y a qu'un moyen, il faut... (A
part.) Seigneur Dieu! vous m'êtes témoin qu'il le faut.

LOUVOT.

Quoi?

DENISET, avec beaucoup d'hésitation.

Il faut...

LOUVOT.

Dis donc ?

DENISET.

Il faut que tu épouses ma mère !

LOUVOT, étonné.

Moi... moi... épouser... (Se reprenant.) Pour sûr, c'est bien
de l'honneur que tu me proposes; pourtant...

DENISET.

Trève de politesses, si tu veux bien. Nous savons tous deux
là-dessus à quoi nous en tenir. Crois-tu que ce mariage ne
me blesse pas dans toutes mes affections et dans tous mes
souvenirs, dis, le crois-tu? Je suis calme pourtant.

LOUVOT.

Tu me donneras bien un peu de temps pour réfléchir. Je
n'étais pas préparé. Maintenant, j'ai des intérêts.

DENISET.

Ah! tu as des intérêts, toi! tes intérêts, je les connais, ma
mère m'a raconté votre conversation avec Chamounin. Tu
veux le fonds de charronnage? tu ne l'auras pas.

LOUVOT.

Tu sais aussi bien que moi que ça regarde le père Chamounin, car moi je n'y suis pour rien.

DENISET.

Le père Chamounin nous poursuivra sans pitié, le père
Chamounin nous fera vendre. Après? tu n'auras pas le fonds,

car il vaut plus que tu n'as, et moi, je connais des acqué-
reurs.

LOUVOT, à part.

Qu'est-ce qui aurait pensé tout ça d'un si mauvais garnement!

DENISET.

Eh bien! hésites-tu encore? En épousant ma mère, tu
épouses le fonds; et comme ta seule ambition est de devenir
patron... tu vois que je te parle affaires, Louvot, tu vois que...
je suis calme, que je raisonne. (Avec éclat.) Ah! tiens, dépêchons.

LOUVOT.

Mon Dieu! Niset, on peut causer sans se mettre en colère;
tu viens comme un ouragan, et alors on ne sait plus où on a
la tête. (A part.) Peut-être bien que c'est une bonne idée, au
fait, mais c'est égal...

DENISET.

Enfin !

LOUVOT.

Et puis, d'abord, quoi? il faudrait voir la bourgeoise,
car...

DENISET.

Cela me regarde, et j'y ai pensé à l'avance. (Allant à la porte
de gauche.) Mère!...

SCÈNE XVI.

LOUVOT, DENISET, DENISE, LA GRAND'MÈRE.

DENISE, entrant, suivie de la grand'mère.

Qu'y a-t-il, Niset, ce matin ?

LA GRAND'MÈRE, lui prenant le bras.

Voyons! Niset, tu m'avais pourtant promis de la modéra-
tion.

DENISET.

Oui, grand'maman... Mère, écoutez-moi; maintenant nous
sommes en famille... (Il regarde Louvot.)

LOUVOT, embarrassé.

Peut-être bien ! et pour peu que la bourgeoise consente !

DENISET.

Je viens de causer avec Louvot, et c'est de son libre aveu que je vous demande...

DENISE.

Quoi donc?

DENISET, à part.

Ça m'étouffe! (Haut.) Que je vous demande pour lui... votre main. Il le faut, n'est-ce pas, grand'mère? Je vous ai parlé de ça tantôt, et vous avez été de mon avis...

LA GRAND'MÈRE, avec un soupir.

Oui.

DENISET.

C'est notre intérêt à tous; la maison s'en va à vau-l'eau, l'ouvrage manque, les dettes menacent, il faut ici le bras d'un homme.

DENISE.

Mais toi, Niset; à présent, tu es un homme?

DENISET.

Moi, voyez-vous, je me connais, vous m'avez gâté dans mon enfance. Je suis un traîne-buissons, un vagabond; j'aime l'espace, le grand air et le grand soleil. Enfin, je suis un mauvais sujet; tout le monde le dit, et vous-même vous me le reprochiez ce matin. Je sens malheureusement que c'est trop vrai; j'essayerais de travailler, ça durerait quinze jours, et puis après... après... j'ouvrirais l'aile au premier vent comme par le passé. C'est dans ma nature. — Vous me comprenez, grand'mère?...

DENISE.

Pourtant, Niset!...

DENISET.

Que voulez-vous, je suis ainsi; je ferais votre malheur, tandis que Louvot... C'est vrai, je lui en ai voulu dans le temps quand j'étais gamin. J'avais tort; Louvot est un bon ouvrier qui saura vous cuire du pain blanc pour votre vieillesse.

LOUVOT.

Ah! ça, c'est bien dit, mon gars.

DENISE, émue.

Mais, Deniset, j'aurais voulu...

LA GRAND'MÈRE.

Fille!.. Deniset vient de parler comme un bon fils et comme un honnête homme.

DENISE, regardant le ciel. (Musique.)

Mais cependant...

LA GRAND'MÈRE.

Oh! je te comprends, et nous avons les mêmes pensées à cette heure. C'était un brave homme que notre Denis, n'est-ce pas? et, quand j'y pense, j'ai le cœur gros. (Elle pleure dans les bras de Denise. Gravement.) Eh bien! Denise, il faut épouser Louvot?

DENISE.

Il faut... et c'est vous... (A son fils.) c'est toi... Mais, mon Dieu!... je... (Simplement.) Soit donc... Louvot!... (Elle lui tend la main.)

LA GRAND'MÈRE, se jetant dans les bras de Deniset.

Mon pauvre Denis!...

DENISET.

Du courage, grand'mère!

LOUVOT.

Et vous verrez que nous serons heureux avec du travail. (A part.) Ça me fait un froid tout de même, la veuve à Denis... Ah! les souvenirs! les souvenirs!... (Haut, à Deniset.) Eh bien! m'en veux-tu encore?

DENISET.

Ce que tu fais est bien, Louvot.

LA GRAND'MÈRE.

Oui, Louvot, c'est bien.

LOUVOT.

Ah! vous me faites plaisir! (A part.) A la fin, c'est une situation nette, et peut-être bien que je peux encore réparer tout. (Haut.) Il s'agit maintenant de ne pas bouder à la besogne et de relever la maison. Tu m'aideras, pas vrai, Niset?

DENISET.

De tout mon courage et de mes deux bras, du moins, tant que je le pourrai! enfin, j'essayerai! Eh bien! mère?

DENISE, en sanglotant.

Viens donc que je t'embrasse!...

LOUVOT, à part.

Voilà un mariage qui commence comme un enterrement

SCÈNE XVII.

DENISE, DENISET, LA GRAND'MÈRE, LOUVOT,
CHAMOUNIN.

CHAMOUNIN, entr'ouvrant la porte.
Peut-on entrer, la compagnie?

DENISE.
Ah! je l'avais oublié!

LOUVOT.
Il n'oublie rien, lui, allez! Je vais le recevoir... Mais, entrez
donc, monsieur Chamounin; vous n'êtes jamais de trop, vous,
chez les honnêtes gens, pas vrai?

CHAMOUNIN.
Eh! te voilà tout guilleret, qu'on dirait.

LOUVOT.
Eh bien, oui!... D'abord, quand on vous voit, ça porte
bonheur.

CHAMOUNIN.
Ni oui, ni non. (A part.) Il a l'air de se moquer...(Haut.)Ma-
dame Denise, vous savez, j'apporte le petit bout d'écriture.

LOUVOT.
Et que je suis sûr que c'est honnêtement rédigé d'un bout
à l'autre.

CHAMOUNIN.
Oh! pour ça, tout à l'avantage de madame Denise.

LOUVOT.
Ce bon père Chamounin! (Tout d'un coup, chiffonnant le papier.)
Pardine! c'est dommage que ça ne serve plus à rien.

CHAMOUNIN, étonné.
A rien? mais nos conventions?

LOUVOT.
Madame Denise préfère vous payer; j'ai là quelques petites
économies, vous savez... (A part.) Ah! tu n'as pas voulu me
donner ta fille!

CHAMOUNIN.
Hé! mon gars, tu te lances donc dans les affaires à présent?

LOUVOT.

Peut-être bien ! Pour le moment, je vous fais part de mon mariage avec la bourgeoise.

CHAMOUNIN, à part.

Lui!.. Hum!.. je suis pincé. Nous verrons bien au second billet... Je l'aurai, ta maison ! mais si jamais celui-là devient honnête homme, le diable n'a qu'à donner sa démission. (A Denise.) Et il vous rendra heureuse, allez!..

LOUVOT, avec fierté.

Peut-être bien !

ACTE TROISIÈME.

Chez Chamounin. — Escalier en échelle au fond. — Un coucou accroché au mur, sans galne. — Table en chêne. — Chaises en paille. — Porte au fond donnant sur la campagne.

SCÈNE PREMIÈRE.

CHAMOUNIN, JEANNE, UNE VOIX.

LE TAUPIER, en dehors.

Voilà le taupier! voilà le taupier!

CHAMOUNIN, entrant et allant à la fenêtre.

Entrez dans le clos qui touche à la maison, il y a de la besogne. (A part.) Je crois bien que c'est le même que celui qui est venu il y a cinq ans. Il faudra le faire jaser !

SCÈNE II.

JEANNE, CHAMOUNIN.

(Au lever du rideau, Jeanne frotte la table.)

CHAMOUNIN. Il porte un costume de chambre fait de pièces et de morceaux.

Il n'y a pas besoin de frotter les meubles si fort, le bois n'est pas de fer... Et mon journal?

JEANNE.

Vous savez bien que le maître d'école le lit avant vous.

CHAMOUNIN.

Et puis?

JEANNE.

Et qu'il le sous-loue à l'huissier.

CHAMOUNIN.

Après?

JEANNE.

L'huissier le passe au maréchal.

CHAMOUNIN.

Ensuite?

JEANNE.

Et le maréchal vous le laisse pour quinze sous par mois.

CHAMOUNIN.

Ce n'est peut-être pas une somme, quinze sous?

JEANNE.

Je ne dis pas non; mais c'est aujourd'hui le jour du maréchal, qui ne l'a pas encore apporté...

CHAMOUNIN.

Et tu ne pouvais pas aller le chercher? Il y a donc dix lieues, d'ici à la forge? Non! Mademoiselle aime mieux se regarder dans la glace.

JEANNE.

Mais, je faisais la besogne de l'après-midi...

CHAMOUNIN.

Mais... mais... mais... Quand je dis une chose, il n'y a pas de mais... Tu te figures peut-être que l'argent pousse ici comme le chiendent dans la plaine! Je suis pauvre, très-pauvre, entends-tu?....

JEANNE.

Mon père...

CHAMOUNIN.

Ton père s'appelait Claude Bernard, et c'était un va-nu-pieds. Je ne suis pas le père d'une fainéante comme toi, qui ne gagne pas seulement le pain que tu manges.

JEANNE.

Oh! vous me le reprochez assez durement!

CHAMOUNIN.

Ouais! il n'y a qu'à se baisser pour en prendre sans doute! Je suis encore bon de discuter avec toi. Je te dis d'aller chercher mon journal; va donc plus vite. (Il la pousse à la porte. Paraissent Denise et la grand'mère. Chamounin adoucit sa voix.) Va, mon enfant, va!

SCÈNE III.

CHAMOUNIN, DENISE, et LA GRAND'MÈRE.

CHAMOUNIN, avec un sourire.

Ces petites filles! ça a déjà des volontés! En voilà une qui fait de moi tout ce qu'elle veut! Entrez donc, madame Louvot! Vous aussi, la mère! C'est bien aimable à vous de venir comme ça me rendre visite. Donnez-vous donc la peine de vous asseoir. Et Louvot, toujours à la besogne? Hé! hé!

DENISE.

Ah! nous sommes bien tristes, monsieur Chamounin, en vérité.

LA GRAND'MÈRE.

Oh! oui, bien tristes!...

CHAMOUNIN.

Vous me faites peur! Qu'est-ce qu'il y a?

DENISE, tristement.

C'est le billet!

LA GRAND'MÈRE.

Le billet de mille francs que vous avez envoyé recevoir hier...

CHAMOUNIN, vivement.

Ah! mais il est bon! Il est en règle! Signé Denis!

DENISE.

Signé Denis, oui, monsieur Chamounin; mais nous ne nous doutions pas seulement de son existence. Jamais Denis ne m'en a parlé.

CHAMOUNIN.

Ça, ça ne m'étonne pas; voyez-vous, madame Louvot, voilà la chose : il avait de l'ambition, le défunt, et il faisait quelquefois ses coups en dessous. Pour lors, quand il avait besoin d'argent, il avait recours à moi, en cachette, et, dame! quand je le pouvais, je me faisais un plaisir de l'obliger, ce pauvre cher homme, j'étais son ami!

DENISE.

Nous le savons que vous étiez son ami, et c'est pour cela...

CHAMOUNIN.

Oh! je ne peux pas! je ne peux pas! J'ai besoin de mon argent.

DENISE.

Mais, nous n'en avons plus depuis les quinze cents francs.

CHAMOUNIN.

Il me faut mon dû; il me le faut!

DENISE.

Si vous saviez quel désordre ce billet a jeté dans le ménage!

LA GRAND'MÈRE.

Surtout maintenant qu'il y a le petit à élever.

CHAMOUNIN.

Le fils à Louvot? Un joli enfant, da! C'est tout le portrait de son père!

LA GRAND'MÈRE.

Par grâce, monsieur Chamounin, un peu de pitié!

DENISE.

Nous ne vous demandons que du temps.

CHAMOUNIN.

ais c'est de l'argent, le temps!

SCÈNE IV.

LES MÊMES, LOUVOT.

LOUVOT, aux femmes.

Eh bien! qu'est-ce que vous faites là, vous pleurez toutes les larmes de votre corps pour attendrir Chamounin, c'est inutile; mais ça me regarde, nous allons causer affaires. Va, Marie; allez, la mère, tout s'arrangera.

CHAMOUNIN, à part.

Est-il devenu doux depuis qu'il a un fils! Est-ce qu'il se ferait honnête homme? Hypocrite! (Reconduisant les femmes, haut.) Nous nous arrangerons avec Louvot. Je suis bon homme, moi!...

SCÈNE V.

LOUVOT, CHAMOUNIN.

LOUVOT.

Eh bien! ce billet, entre nous, c'est une plaisanterie ?

CHAMOUNIN.

Un billet dûment signé et paraphé n'est jamais une plaisanterie, Louvot.

LOUVOT.

Eh! vous savez qu'il ne vaut rien!

CHAMOUNIN.

Et pourquoi donc? Il est en règle. (Il fait mine de fouiller à sa poche.)

LOUVOT, vivement.

Prêtez voir!

CHAMOUNIN.

Que non, da! Les papiers timbrés, ça s'use! Il ne faut pas trop y toucher.

LOUVOT.

Mais vous savez bien qu'il a été payé par Denis !

CHAMOUNIN.

Louvot, ne réveillons pas les morts, ça ne sert à rien, puisqu'il est mort, pas vrai? Tu en sais quelque chose, toi... tu me l'as assez répété avant d'être établi. (A part.) A mon tour !

LOUVOT.

Ce n'est pas de ça qu'il s'agit... mais du billet.

CHAMOUNIN.

Le billet est un bon billet écrit tout du long sur du bon papier marqué, conformément à la loi... Il vaut mille francs comme un liard.

LOUVOT.

Tenez, parions que vous voulez rire, père Chamounin.

CHAMOUNIN.

Moi? mais non.

LOUVOT.

Vous vous souvenez bien que c'est moi qui vous ai empêché de le rendre... après l'accident... c'est-il vrai, ça?

CHAMOUNIN.

Eh! mon Dieu! ni oui ni non, chacun son lot. (Baissant la

voix.) Tu as déjà la veuve, toi! sans compter le petit, le louveteau!

LOUVOT.

Ah! maudit soit le jour où je vous ai vu pour la première fois !

CHAMOUNIN.

Aussi tu fais tes affaires en surnois, tu as voulu jouer au fin, dame!

LOUVOT, avec une colère concentrée.

Alors, c'est donc sérieux?

CHAMOUNIN.

Mets-toi à ma place!

LOUVOT.

Mais c'est une volerie, ça!

CHAMOUNIN.

Des gros mots! tu n'entends encore rien aux affaires; tu t'es établi trop jeune.

LOUVOT.

Mais je crierai dans tout le pays que vous êtes un usurier, un détrousseur des pauvres gens, je raconterai...

CHAMOUNIN.

Qu'est-ce que tu raconteras? que je suis un brave homme, bien obligeant, qui t'ai tiré de la peine... Vois-tu, Louvot, ne racontons pas nos histoires à ceux que ça n'intéresse pas. La mienne est écrite avec des chiffres; on fait ce qu'on peut! Mais la tienne... la tienne est écrite avec du sang!

LOUVOT, exaspéré.

Oh! le misérable!

CHAMOUNIN.

Mais non, c'est vrai! c'est toi qui te fâches! les affaires sont les affaires, que diable! Voyons, tu n'es pas dans ton bon sens; rentre chez toi : si tu n'es pas en mesure, eh bien! avec des à-comptes et un renouvellement, un bon renouvellement, on verra à s'arranger. Au fond, je ne fais que ce que tu veux, tu le sais bien!

LOUVOT.

Ah! père Chamounin, père Chamounin, je n'oublierai jamais ce tour-là, tonnerre! (Il sort furieux.)

SCÈNE VI.

CHAMOUNIN, seul.

Hé! hé! je l'aurai ta maison! Tu vas montrer les dents, mais je te tiens... par la peur... et je te tiens bien! il n'y a que ce taupier qui est revenu... il faudra voir!

SCÈNE VII. .

CHAMOUNIN, JEANNE, MARTIN.

JEANNE.

Voici votre journal. (A Martin.) Entrez donc, il n'est pas si méchant qu'il en a l'air.

MARTIN, ôtant son bonnet.

Faites excuse, monsieur Chamounin, j'apporte une corde de bois et dix écus...

CHAMOUNIN.

Dix écus!... nous sommes loin de compte, mon gars!...

MARTIN.

Que voulez-vous? C'est un si mauvais état que celui de bûcheron!... le cent de fagots a encore diminué d'une pièce de quatre francs au dernier marché.

JEANNE.

C'est vrai!... ces pauvres gens sont bien à plaindre.

CHAMOUNIN, fixant Jeanne.

Je ne dis pas non; mais il n'y a que Dieu qui soit éternel; moi, je ne puis pas toujours attendre.

MARTIN.

Jusqu'aux coupes d'hiver seulement.

CHAMOUNIN.

Trois mois! On ne sait ni qui vit ni qui meurt... c'est trop long... je te donne vingt jours; mais ça vaut bien quelque chose.

MARTIN.

Nous n'avons plus rien à la maison!

CHAMOUNIN.

J'ai vu, l'autre jour, des poulets dans ta cour : envoies-en

4

quelques couples demain matin. Ah! tu ne te figures pas
comme ça me gêne d'attendre vingt jours... Enfin!

MARTIN, à part.

Vieille sangsue!

JEANNE, reconduisant Martin.

Il a l'air brutal, mais au fond...

MARTIN, à mi-voix.

C'est le père des pauvres! quand il n'y en a pas, il en fait.
(Haut.) Adieu, monsieur Chamounin; bonjour, Mademoiselle!

CHAMOUNIN, le reconduisant.

Des poulets de grain!

SCÈNE VIII.

JEANNE, CHAMOUNIN.

CHAMOUNIN, revenant furieux.

Ah çà! je voudrais bien savoir de quoi tu te mêles, de défendre ces gredins de paysans qui ne veulent jamais payer!
C'est à toi, dis, l'argent que je leur prête! du bel et bon argent, ayant cours, que je leur donne contre du mauvais papier!

JEANNE.

Il a cinq petits enfants sans vêtements et presque sans pain!

CHAMOUNIN.

Après? Il faudrait, peut-être, que j'habille et que je nour-
risse toute la marmaille du pays!...

JEANNE.

Il est si pauvre!

CHAMOUNIN.

Si pauvre! les pauvres sont plus riches que nous : tout le
monde leur donne, tandis qu'on ne nous donne rien! Enfin!
où est mon journal? Ah! le voilà! Et, une autre fois, tâche
de tourner ta langue dans ta bouche avant que de parler, tu
m'entends? (Il monte à sa chambre. Jeanne, sans mot dire, se remet à
l'ouvrage. On voit Deniset venir coller l'oreille contre la porte latérale.)

JEANNE.

Pauvre Martin!

SCÈNE IX.

JEANNE, DENISET.

DENISET, passant la tête par la porte latérale.

Peut-on entrer?

JEANNE.

Oui, il n'y est pas.

DENISET, prenant les mains de Jeanne.

Ma petite Jeanne!

JEANNE.

Tu as quelque chose à me dire?

DENISET.

Oh! oui, beaucoup de choses!

JEANNE.

Dis vite... s'il allait rentrer!

DENISET.

C'est que c'est bien long... tu m'aimes?

JEANNE.

Si je t'aime! (Elle lui saute au cou.) si je t'aime!... mon Deniset! mais pourquoi me demandes-tu ces choses-là?

DENISET.

Parce qu'aujourd'hui, il s'agit de me le prouver. Vois-tu, Jeanne, je suis trop malheureux chez Louvot... (Se reprenant.) chez mon beau-père.

JEANNE, étonnée.

Comment?

DENISET.

Cela t'étonne? Que veux-tu, j'ai un sort, c'est horrible. Je n'ai rien à reprocher à Louvot, et je ne peux pas le voir; il est honnête et travailleur, il fait ce qu'il peut pour rendre ma mère heureuse; car depuis la naissance de mon frère, il est devenu plus doux; mais c'est plus fort que moi, je ne l'aime pas. J'ai tort, je suis une bête fauve, mais je souffre. Toi non plus, tu n'es pas heureuse ici?

JEANNE.

Oh non! va!

DENISET.

Eh bien!..

JEANNE.

Parle !

DENISET, vivement.

Jeanne, il faut venir avec moi...

JEANNE.

Fuir !.. Ah ! jamais !.. Et lui ?

DENISET.

Qui, lui ? Chamounin ? Ce n'est pas ton père, après tout ?

JEANNE.

Oh ! Niset, peux-tu bien me parler ainsi ? Que dirait-on de moi dans le pays ?

DENISET.

Ah ! vois-tu, ma Jeanne, c'est que je n'y puis plus tenir. J'ai besoin qu'on m'aime. Vois ce qui me tourmente : il me semble que j'aime moins ma mère depuis qu'elle s'est remariée avec Louvot; et c'est pourtant moi qui l'y ai presque contrainte. Et je suis sûr d'avoir bien fait! mais ça me fait du mal de le voir à côté d'elle, lui !.. Je suis fou ! la mort de mon pauvre père m'a troublé le cerveau. Jeanne... toi seule m'as toujours aimé ! Eh bien ! mon courage est à bout. Veux-tu me suivre ? Je ne réponds plus de rien si je reste à la maison.

JEANNE.

Par grâce, écoute et calme-toi, mon Niset; ce soir, au souper, je parlerai au père Chamounin, cela vaut mieux. Oh ! je serai forte.

DENISET.

Mais, il ne voudra pas, tu le sais bien; et d'ailleurs, tu n'oseras jamais !

JEANNE.

Je n'ai jamais eu ce courage, mais je penserai à tes douleurs et je parlerai, tu verras ! Ce que tu désires, je le veux aussi, tu le sais. Je suis encore plus malheureuse que toi !.. C'est mon bienfaiteur, dit-on; hélas ! mon bienfaiteur! Mais, ce qu'on ignore, c'est que je suis sa servante, son chien, presque ! Je travaille toute la journée, et je n'ai que des paroles dures pour récompense! Jamais un sourire, jamais une bonne parole... Ah ! je t'aime bien, mon Niset. (Entre le taupier.)

SCÈNE X.

JEANNE, LE TAUPIER, DENISET.

LE TAUPIER, paraissant à la fenêtre, sans être vu, à part.

Tiens! mes petits dénicheurs de buses!.. Comme ça a poussé, la mauvaise herbe!

DENISET, sans voir le taupier.

Oh! ma petite Jeannette, je t'en prie, prends ton courage à deux mains et parle une bonne fois au père Chamounin... je ferais un malheur, c'est sûr! A présent, vois-tu, depuis la mort de mon père, ma vie, c'est toi; ma famille, ma volonté, mon courage, c'est toi, Jeanne! Sans toi, je suis bien seul et bien triste; il faut oser, oser!..

JEANNE.

Oh! j'oserai, Deniset, va!..

LE TAUPIER, à part, toujours à la fenêtre.

Le fils du charpentier! il faudra pourtant qu'il y ait une justice! (Haut.) Eh bien, donc, on s'aime, mes petits pigeons? Oh! ce n'est pas la peine de vous effaroucher...

JEANNE, à Deniset.

Quel est cet homme?

DENISET.

C'est ce taupier qui est venu dans le pays autrefois, tu sais bien?

JEANNE.

Ah! je me souviens.

LE TAUPIER, entrant.

Vous voudriez vous épouser et on ne veut pas?.. connu!.. Ce pauvre vieux globe tournera toujours de même! et pourtant il y a peut-être un moyen.

JEANNE.

Oh! parlez!..

LE TAUPIER.

Je suis un peu sorcier, voyez-vous. A force de vivre loin des hommes, on apprend... à les désapprendre, ce qui fait qu'on n'est pas si méchant, malgré son air.

DENISET.

Vraiment, vous pourriez...

LE TAUPIER.

Moi, je n'ai rien dit! Comme vous y allez, vous autres! Je

n'ai pas l'écharpe de M. le maire, mais quand je rencontre des amoureux dans la peine, ça me remue, vrai! (Haussant les épaules.) Je vous demande un peu ce que je radote là?..

JEANNE.

Oh! dites toujours, taupier!

LE TAUPIER.

Ah! la jeunesse! c'est bien beau et c'est bien bon... oui, mais c'est bien bête!

DENISET.

Comment ça, taupier?

LE TAUPIER.

Ce n'est pas pour vous que je dis ça, petite, c'est pour moi, qui ai aimé comme vous, puisque c'est la loi!.. Il faut que tout le monde y passe!.. mon cœur a tiré à la conscription comme les autres. Il a eu un mauvais numéro, voilà tout. En ce temps-là, j'étais connu pour un bon ouvrier forgeron. La besogne ne manquait pas, ni le courage, et je l'aimais dru, allez!.. (Riant.) Ah! ah! vraiment, oui, je l'aimais! Tiens, petiote, approche un peu, que je t'embrasse sur le front; elle te ressemblait.

JEANNE.

Oh! de grand cœur! (Elle approche son front, le taupier l'embrasse.)

LE TAUPIER.

Faites excuse, Mademoiselle; un souvenir, une niaiserie! C'est que c'est vrai qu'elle vous ressemblait. Elle avait la même taille, les mêmes yeux... la même voix aussi... et puis donc pour finir... c'est bien simple... elle en aimait un autre... un ami... un compagnon à moi, qui savait mettre sa cravate, et qui la faisait danser le dimanche! Le jour de son mariage... depuis ce jour-là, je ne peux plus entendre les cloches... quand j'ai vu que tout était bien fini, j'ai jeté mon tablier de cuir au milieu de la forge, et je m'en suis allé... toujours tout droit... route du bon Dieu... à travers bois .. à travers plaines... et puis... voilà comme on devient taupier! (A Deniset.) Ne deviens jamais taupier, petit, ça demande trop d'études... sur le cœur humain!

JEANNE, s'approchant.

Pauvre homme!

LE TAUPIER.

Mais oui, c'était bien là sa voix douce comme une musique! Ah! je veux qu'ils soient heureux, ces enfants-là!

DENISET.

Et nous vous aimerons, nous!

JEANNE.

Oh! oui, bien fort!

LE TAUPIER.

Est-ce qu'on vous demande la charité, dites donc! Tant qu'il y aura des taupes en ce monde, je trouverai toujours un morceau de pain et une pipe de tabac, jusqu'au jour où je mourrai, au coin d'un champ, la face au soleil, comme un brave gueux!

JEANNE, le caressant.

Oh! c'est mal ce que vous dites là!

LE TAUPIER.

Voulez-vous bien me laisser, petite enjoleuse! (A part.) Je m'attendris; je crois que je baisse! (On entend tousser Chamounin.) Voilà le hibou! (A Deniset.) Secoue tes ailes, mon ramier, et plus vite que ça!

DENISET.

A ce soir, Jeanne! de l'audace! (Il sort.)

JEANNE.

Oui, va!.. à ce soir!

LE TAUPIER.

Et je vais commencer à tendre mes piéges, moi! Je change d'état, je vais travailler dans les vipères!

SCÈNE XI.

JEANNE, LE TAUPIER, CHAMOUNIN.

CHAMOUNIN, descendant en lisant son journal.

Mort! et mort riche! Cent mille francs, lui, Claude Bernard, un vaurien... Qui l'aurait jamais cru? (Indiquant du doigt le journal.) Décidément, les journaux sont pleins d'intérêt aujourd'hui... (Lisant.) « Le 15 du mois dernier est mort à... »

LE TAUPIER.

Il faut toujours finir par là!

CHAMOUNIN.

Tiens! c'est encore vous!

LE TAUPIER.

Un mot de reproche, bourgeois; c'est pourtant la première

fois que vous me voyez depuis cinq ans; d'ailleurs je viens régler notre compte.

CHAMOUNIN.

C'est bon ! Jeanne, occupe-toi du souper. (Sort Jeanne.)

SCÈNE XII.

CHAMOUMIN, LE TAUPIER.

CHAMOUNIN.

Voyons ce compte, car c'est trop juste, les gens qui font honnêtement leur métier ont besoin de leur argent, pas vrai ? Moi, je me couperais plutôt la main que de faire tort d'un rouge liard aux bons ouvriers... Combien vous dois-je ?

LE TAUPIER.

Vingt-deux sous. Deux rats à trois sous, six taupes à deux, et quatre mulots...

CHAMOUNIN.

Oh ! les mulots ça passe toujours par-dessus le marché.

LE TAUPIER.

Alors c'est pour mon agrément que je tue ces petites bêtes du bon Dieu qui ne m'ont jamais fait de mal ?

CHAMOUNIN.

Voyons, dix-huit sous, car les mulots, les mulots...

LE TAUPIER.

Ça grignote pourtant bien, allez... (Le regardant.) Ça vous a de petites dents qui vous mangent les arpents ! ça se fait petit, petit, petit, et ça va, et ça vient, et ça gagne du terrain en dessus, en dessous, à droite, à gauche, de tous les côtés, et ça ruine un pays sans en avoir l'air, c'est comme qui dirait les usuriers des petites bêtes, quoi !

CHAMOUNIN, impatienté.

Enfin, combien voulez-vous ?

LE TAUPIER.

Vingt-deux sous au prix courant.

CHAMOUNIN.

On ne fait que payer ! Ah ! la terre, ça ne rapporte pas ce que ça coûte. (Il paye.)

LE TAUPIER.

Voilà une pièce qui n'est pas marquée.

CHAMOUNIN.

Elle est bonne !

LE TAUPIER.

Possible ! alors gardez-la !

CHAMOUNIN, changeant le sou.

Ah! vous commencez à m'ennuyer !

LE TAUPIER.

Je commence, mais... (Il s'assied.)

CHAMOUNIN.

Quoi encore ?

LE TAUPIER, avec aplomb.

Histoire de causer un brin... ça fatigue de travailler le dos courbé... Savez-vous, monsieur Chamounin, que vous avez une fille bien éveillée, et qu'il se fait temps de songer pour elle au mariage ?

CHAMOUNIN.

Ça vous regarde, ça ?

LE TAUPIER.

Une belle fille est faite pour être regardée donc ! Et puis, ce que j'en dis, ce n'est pas pour moi, qui n'ait d'yeux que pour les bêtes ! c'est pour Deniset, un brave garçon bien malheureux... Vous savez... son père est mort... c'est drôle, tout de même !

CHAMOUNIN.

Drôle ! quoi ?

LE TAUPIER.

Hé!.. cette mort!.. au moment où on ne s'y attendait pas!..

CHAMOUNIN.

Mon Dieu! ça peut arriver à tout le monde!

LE TAUPIER.

Ça, oui... c'est parler sagement ; mais enfin n'êtes-vous pas de mon avis ? Il y a quelquefois des accidents qui ne sont pas du pur hasard ?

CHAMOUNIN, à part, fronçant le sourcil.

Oh!.. (Haut.) Que voulez-vous dire ?

LE TAUPIER.

Qu'il a bon dos souvent... le hasard... Tenez, une supposition... Il y a des gens qui ont de petits intérêts, il y en a aussi d'autres qui les gênent; on ne désire pas leur mort, non! mais ils gênent; et puis on jase devant quelque mauvais garnement... qui lui donne un coup d'épaule, à ce pauvre hasard! Les gens disparaissent; on porte leur deuil; mais on en profite; n'est-ce pas que ça se voit ces choses-là, monsieur Chamounin?

CHAMOUNIN, à part.

Le gredin sait tout, mais il n'a pas de preuves; et puis, un vagabond, ce n'est pas un témoignage. (Haut.) Voyons, taupier, vous causez en paraboles; si vous avez besoin de quelque chose, dites-le donc franchement... Vous vieillissez...

LE TAUPIER.

Oh! ne vous occupez donc pas de moi! je suis assuré... à la compagnie *la Providence*.

CHAMOUNIN.

Mais alors...

LE TAUPIER.

Si je vous cause, c'est pour causer... voyez-vous, je sais bien des choses...

CHAMOUNIN, vivement.

Qu'est-ce que vous savez?

LE TAUPIER.

Et ce n'est pas étonnant, à mon âge!

CHAMOUNIN, anxieux.

Enfin?

LE TAUPIER.

On a vécu, ou on n'a pas vécu, pas vrai?

CHAMOUNIN, inquiet.

Oui... oui... dites...

LE TAUPIER, très-naturellement.

Quoi donc?

CHAMOUNIN, impatienté.

Les choses... que vous savez.

LE TAUPIER.

Ah! c'est juste... Eh bien!.. je sais qu'il ne faut pas violenter les idées des filles... Moi, ce que je vous en dis d'abord, c'est dans votre intérêt... vous réfléchirez à ça... (Il se lève.)

CHAMOUNIN.

Vous avez peut-être raison, au fond... je réfléchirai...

LE TAUPIER.

Est-ce pas? à la revoyure. (A part.) Oh! il m'a bien compris, le vieux coquin.

CHAMOUNIN, le reconduisant.

Au revoir... au revoir...

LE TAUPIER, sur le pas de la porte.
Si je rencontre Deniset, je vous l'enverrai.

CHAMOUNIN.
C'est inutile allez, je le rencontre tous les jours.

LE TAUPIER, lui mettant la main sur l'épaule et le ramenant.
Car enfin, ce pauvre Deniset, c'est un grand malheur pour lui, cette mort...

CHAMOUNIN, gêné.
Oh ! ne m'en parlez pas !..

LE TAUPIER.
Et je parie que vous feriez tout votre possible pour lui faire oublier ça... vous avez si bon cœur !

CHAMOUNIN.
Oh ! pour sûr...

LE TAUPIER.
C'est que vous êtes un brave et honnête homme, vous, et entre honnêtes gens... (Il lui tend la main.)

CHAMOUNIN, avançant la main.
Certainement.

LE TAUPIER, lui secouant la main et souriant.
Alors, une bonne nuit, monsieur Chamounin, et ne faites pas de mauvais rêves ! (A part, en s'en allant.) Ainsi donc, voilà qui est convenu, le petit épousera la petite...

CHAMOUNIN, vivement.
Mais je n'ai pas parlé de ça !

LE TAUPIER, d'un ton naturel.
C'est que, voyez-vous, moi qui sais tant de choses, comme je vous disais, je n'ai pas tout dit.

CHAMOUNIN, gêné.
Quoi donc encore ?

LE TAUPIER.
C'est qu'il faut prendre garde de trop irriter le jeune homme. Le bonheur, ça fait oublier, dit-on ; et s'il est malheureux, il finira peut-être par apprendre l'histoire de la mort de son père, et alors...

CHAMOUNIN.
Et alors ?

LE TAUPIER.
Dame! il avait deux associés, le hasard, ce jour-là.

CHAMOUNIN.
Ni oui, ni non, et puis ?

LE TAUPIER.

Et puis vous réfléchirez, nous causerons de ça demain tout à notre aise ! Pour l'instant, je vais à la chasse de ces animaux hypocrites et lâches qui tournent autour des gîtes où il n'y a que la femelle et les petits; on appelle ça des belettes. Allons, adieu, monsieur Chamounin, et excusez-moi si quelquefois je cause vermine... je ne connais que ça. (Il lui serre la main et sort.)

SCÈNE XIII.

CHAMOUNIN, puis JEANNE, mettant le couvert.

CHAMOUNIN, à part.

Si on lui faisait avoir une place de cantonnier, au taupier... dans un autre village... Voyez-vous ce gredin... (Riant tout bas.) donner Jeanne à Deniset, maintenant!.. Eh! pas si bête, donc! C'est égal, il va falloir jouer serré! quoique, grâce au ciel, je n'aie rien à craindre à présent.

JEANNE.

Le souper est prêt, mon père.

CHAMOUNIN, se frottant les mains.

Eh bien! il faut manger... A table! (Ils se mettent à table.)

JEANNE, à part.

Je n'ose pas lui parler!

CHAMOUNIN.

Passe-moi le chantiau... Tu vois bien, j'ai beau te le dire, tu le mets toujours à l'envers! Il faut avoir du respect pour le pain, Jeannette, parce que les maisons où on ne le conduit pas bien ne profitent guère... Voilà ce Martin qui vient pleurer ici et qui n'est pas dans ses affaires; ça ne croit à rien, ça rit de tout, ça va au cabaret; ça traite le pain comme des Turcs, et puis ça vient se plaindre après! (Il fait une croix sur le pain et le coupe.) Ce que je t'en dis, c'est pour ton bien, et point pour te rendre songeuse, ma fille.

JEANNE.

Moi?..

CHAMOUNIN.

Eh! oui... toi ! qu'est-ce que tu as?...

JEANNE.

Mais... je n'ai rien!.. (A part.) Je n'ose pas!...

CHAMOUNIN.

Si... tu es triste... il faut parler... Je ne suis pas un ogre...
je t'aime bien dans le fond !... Si je te brusque par-ci, par-là,
c'est que j'ai mes contrariétés aussi parfois, mais il ne faut
pas y faire attention... tout le monde a ses peines.

JEANNE, à part.

Je ne l'ai jamais vu si doux! (Haut.) Puisque vous êtes si
bon, alors, si vous vouliez bien me le permettre, je...

CHAMOUNIN.

Parle donc, ma fille, parle...

JEANNE.

C'est que j'avais peur... Vous savez, Deniset...

CHAMOUNIN, fronçant le sourcil.

Toujours ce garnement-là!

JEANNE, avec tristesse.

Vous voyez bien...

CHAMOUNIN.

Mais, non ; va, je t'écoute... Après?... Deniset?...

JEANNE.

Deniset m'aime, et comme il n'ose pas vous demander ma
main...

CHAMOUNIN.

C'est toi qui t'en charges! Épouser ce mauvais drôle, toi,
jamais!

JEANNE, s'animant.

Mais, je l'aime aussi, moi!...

CHAMOUNIN.

Ah! voilà parler!...

JEANNE, s'animant de plus en plus.

Ce n'est pas étonnant, aussi!... Tout le pays se moque de
moi, filles et garçons... tout le monde me rebute... il n'y a
que lui qui ne soit pas méchant avec moi... et il ne l'a jamais
été depuis notre enfance. Quand j'étais petite, il me dénichait
les nids, et me défendait quand on voulait me battre...

CHAMOUNIN.

Tout ça, ce ne sont pas des raisons!

JEANNE, s'animant tout à fait.

Pour moi qui n'oublie rien, ces raisons-là suffisent. A présent, je ne suis plus une petite fille! Tout le monde aime,
enfin, monsieur Chamounin. Les animaux ont leurs petits à

5

élever, à aimer, c'est dans la nature! Il n'y a donc que moi
qui n'aurai jamais de famille?...

CHAMOUNIN, se lève.

Voyez-vous ça! Je ne dis pas non, mais il te rendra malheureuse!

JEANNE, vivement.

Oh! ça m'est égal!

CHAMOUNIN.

Mais ça ne m'est pas égal, à moi! Me crois-tu sans en-
trailles? Alors, je t'aurais recueillie, élevée, nourrie jusqu'à
ce jour pour que je te voie plus tard mendier ton pain!

JEANNE, avec prière.

Oh! je travaillerai... et avec l'aide de Dieu...

CHAMOUNIN.

Ah! tu es bien comme les autres, tu ne me connais pas,
toi! parce que je suis brusque, un peu... Mais, tu as raison, te
voilà d'âge à marier, et si tu veux, je t'épouse, moi!...

JEANNE, étonnée.

Vous!

CHAMOUNIN.

Eh! oui, moi! à présent que mes affaires sont en ordre, je
puis tout te dire. Et je te donnerai de belles robes, et tu ne
feras plus la cuisine, nous prendrons une servante... mes
moyens me le permettent à cette heure... ça vaut mieux,
vois-tu?

JEANNE, avec douleur.

Monsieur Chamounin, c'est impossible! Et ce pauvre Niset
qui n'a que moi?

CHAMOUNIN.

Bon! il t'oubliera, et je te rendrai bien heureuse, va! tu ré-
fléchiras!... Allons, petiote, il est l'heure d'aller se coucher.
Viens m'embrasser, Jeannette, et ne pleure pas... quand je te
dis que tu seras heureuse! (Il l'embrasse.) Va...

JEANNE, à part.

Ce baiser me fait froid... pour sûr. Ses amitiés couvent un
malheur. (Elle rentra dans la chambre du fond.)

SCÈNE XIV.

CHAMOUNIN, seul.

Avec le temps... et quelques bijoux, elle y viendra... Ces fillettes, ça n'aime que ce qui reluit. (Se frottant les mains.) Allons! allons! malgré le taupier, la journée est bonne! je puis me coucher content! (Il prend son journal et le lit en remontant l'escalier.) « Le 15 du mois dernier, est mort, à Mexico, le nommé Claude Bernard, natif de Sainte-Marguerite-aux-Bois, laissant une fortune de... (La voix se perd, on entend frapper aux carreaux.)

SCÈNE XV.

JEANNE, DENISET.

JEANNE, courant à la porte latérale.

Ce pauvre Deniset! que faire? Mon Dieu, conseillez-moi!

DENISET, à la fenêtre.

Jeanne! Jeanne!

JEANNE.

C'est lui! (Deniset a paru dans le verger. Jeanne ouvre la porte avec précaution. La nuit vient étoilée.)

DENISET, vivement.

Tu lui as parlé!... (Puis avec une tristesse soudaine.) Il a refusé, n'est-ce pas? (Jeanne baisse la tête.) Est-ce que je puis être heureux comme les autres, moi? Mon amie, ma Jeanne... ne me quitte pas!... Viens!

JEANNE.

Et, le puis-je, mon pauvre Deniset?

DENISET.

Alors, que mon sort s'accomplisse! Adieu, Jeanne!

JEANNE.

Niset, Niset, où vas-tu? je veux le savoir.

DENISET, avec accablement.

Est-ce que je sais! au hasard!

JEANNE.

Deniset! Deniset! attends! (Elle sort.)

SCÈNE XVI.

CHAMOUNIN, seul, à moitié dévêtu, une lampe à la main.

L'argent à Martin que j'ai laissé dans le tiroir! il ne faut pas laisser traîner ces objets-là! ça trouble la joie!... C'est bien tout! Ah! cette fenêtre ouverte... (Il la ferme.) Et la porte... Ces petites filles, on ne sait vraiment où ça a la tête. C'est si-tôt fait de dévaliser une maison! (Il ferme la porte à double tour et met la barre en fer.) La donc! comme ça je suis plus tranquille, et je puis songer en paix aux bons billets de mille francs que Jeanne m'apportera en mariage... hé! hé!... (Quand le père Cha-mounin est remonté, on voit Jeanne et Deniset s'approcher de la fenêtre, puis de la porte. Jeanne la pousse avec effort; puis, s'apercevant que le verrou est mis. — Musique.)

SCÈNE XVII.

JEANNE, à la fenêtre.

Ah! mon Dieu!... (La toile tombe.)

ACTE QUATRIÈME.

Un bois de haute futaie en pente, au fond, traversé par un petit sentier, qui s'égare sous les arbres. — Éclaircie sur le premier plan. — A gauche, une cabane de copeaux. — Un grand sentier, sur le bord duquel s'élèvent des monceaux de bois coupé. — Un arbre abattu qu'on dépèce. — Une source. — Matin.

(La musique de la chanson est de M. Albert de La Salle.)

SCÈNE PREMIÈRE.

MARTIN, seul, en train d'équarrir le chêne déraciné; il chante.

C'est au bûcheron que je bois :
Il est libre et vit dans les bois!

Hiver, été, qu'il vente ou pleuve,
Que les taillis et les buissons

Soient pleins de givre ou de chansons;
Que la forêt, comme une veuve,
Se lamente et pleure à grand bruit;
Pour gagner sa maigre journée,
Le bûcheron et sa cognée
Bûcheronnent jusqu'à la nuit!

C'est au bûcheron que je bois :
Il est libre et vit dans les bois!

Comme un bourreau, tuant sans haine,
A droite, à gauche, à tour de bras,
Il met les vieux arbres à bas;
Il s'attaque jusqu'au grand chêne!
Le géant, blessé, pesamment
Tombe, et l'écho, par les bruyères,
Redit des plaintes singulières
Qui retentissent longuement!

C'est au bûcheron que je bois :
Il est libre et vit dans les bois!

Ouf! quel métier! Dire que j'ai grimpé tout enfant dans
cet arbre-là! J'allais y dénicher des nids au printemps; il était
plein d'oiseaux, et l'on aurait dit que c'était lui qui chantait!
C'est bête de tuer les arbres! ça vit, les chênes, et ça souffre
aussi comme nous, peut-être bien !

SCÈNE II.

MARTIN, LE TAUPIER, puis DENISE
et LA GRAND'MÈRE.

LE TAUPIER.

Camarade, il vaut mieux chanter que penser.

MARTIN.

Bonjour, taupier, avez-vous passé une bonne nuit dans ma
hutte?

LE TAUPIER.

Comme dans un Louvre! Me voilà tout porté pour la chasse
au blaireau, à cette heure! Mais, avant de partir, il s'agit de
lustrer un peu son bec, comme les merles. (Il se débarbouille à la

source.) Frais comme la rosée, maintenant! (Il tend sa gourde à Martin.) Une gorgée, compère.

MARTIN, buvant.

Merci, taupier!

LE TAUPIER.

Ça vous met des chansons au cœur, et ça éloigne les idées noires. Encore un coup! votre refrain va remonter tout seul... à fleur de vin.

MARTIN, après avoir bu.

C'est au bûcheron que je bois :
Il est libre et vit dans les bois!

LE TAUPIER.

Silence! Il n'y a pas que les refrains gais qui reviennent tout seuls... Tenez! (On aperçoit, sur le petit sentier du fond, Denise et la grand'mère. Cette dernière s'appuie sur un bâton et porte un paquet de bois mort. Denise marche affaissée sous un lourd fagot qu'elle porte sur les épaules. Les deux femmes s'arrêtent pour reprendre haleine.)

MARTIN.

Pauvres et saintes femmes!

LE TAUPIER.

Des charrons qui vont au bois, c'est comme des meuniers qui vont au grain ; il n'y a plus de farine.

MARTIN.

Je les ai pourtant connues braves et affables au pauvre monde, moi qui vous parle! Cette bonne vieille, travailler encore à son âge! Heureusement qu'elle se reposera bientôt dans le cimetière; et madame Denise!... Le père Chamounin les tient dans ses griffes, à ce qu'on dit au pays; et ce matin Louvot a dû encore aller, à la ville, chercher de l'argent pour empêcher qu'il ne les poursuive!

LE TAUPIER.

Nous verrons la fin, faut croire! Allons, à ce soir!... J'ai pour régime de ne me permettre l'émotion que la besogne achevée...

MARTIN.

Bonne chance au blaireau!... Voyons, allons aux fagots! Les petits et la mère attendent après la soupe. (Il met ses outils sur son dos et part au travail.) Les bûcherons ne s'établissent pas, eux! (Sortie en chantant.)

SCÈNE III.

DENISET, puis JEANNE.

DENISET.

Ah! te voilà!..

JEANNE, paraissant.

Tu m'as laissée seule bien longtemps.

DENISET.

Un gros reproche, bien joli, Jeannette! mais tu es triste?

JEANNE.

C'est vrai! je suis si heureuse près de toi! Le bonheur, vois-tu, ça rend sérieux; je n'en avais pas l'habitude, et puis...

DENISET.

Et puis... quoi?..

JEANNE.

J'ai peur à te laisser aller seul! les gardes t'arrêteront un jour ou l'autre, car c'est un vilain métier que de vivre de braconnage et de hasard.

DENISET.

Ne dis pas de mal du hasard! c'est le patron des amoureux! Quant au braconnage, j'ai mon port d'arme sous la semelle de mes souliers.

JEANNE.

Si on t'arrête je mourrai de chagrin, Deniset.

DENISET.

Oh! petite Nisette, petite Nison! joie de mes yeux et gaieté de mon cœur, mets hardiment tes menottes dans mes grosses mains, et crois-moi! Je n'ai pas pris la vie à mon gré, c'est plutôt la vie qui m'a pris; eh bien, le travail honnête et sérieux que je n'ai pas toujours eu le courage de chercher pour moi, pour toi, Jeannette, je le trouverai; je te le jure!

JEANNE, se jetant dans se bras.

Oh! oui, vite! n'est-ce pas?..

DENISET.

Oui, vite! En attendant, méchante, il faut que je vous dise à l'oreille un grand secret que j'ai déjà dit au vent, aux arbres, et aux herbes ce matin. (Tout bas.) Je t'aime! (Paraît le taupier.)

SCÈNE IV.

LES MÊMES, LE TAUPIER.

LE TAUPIER.

Ah çà! mais, j'ai des distractions comme un propriétaire,
moi, maintenant!.. Un chasseur qui s'en va à l'affût sans tabac. (A part, apercevant Jeanne et Deniset.) Qu'est-ce que c'est?
tiens, mes petits ramiers; ils roucoulent de bien grand matin,
pour n'avoir pas perché la nuit sur la même branche!

JEANNE, à Deniset.

Confidence pour confidence en ce cas, Monsieur! (Tout bas.)
Moi, je vous aime!

LE TAUPIER, à part.

Un jolie chanson sur un vieil air! Je l'ai chantée dans mon
temps; la musique était là. (Il se frappe la poitrine.) Mais je n'a-
vais pas de voix! (Haut.) Dites donc, jeunesses, on glisse dans
la rosée, à cette heure, savez-vous?

JEANNE ET DENISET.

Le taupier!

LE TAUPIER.

Oui le taupier! (Se détirant les bras.) qui a fièrement dormi!..
et vous autres?.. Après ça on rêve à votre âge!

DENISET, presque grave.

Voyons, taupier, que signifient ces plaisanteries!..

LE TAUPIER.

Oui, c'est cela, fais l'homme maintenant, je te le con-
seille!.. Reste donc enfant, imbécile! l'enfant, c'est ce qu'il y a
de meilleur dans l'homme! Tiens, veux-tu que je te dise à
quoi tu penses?.. Tu penses à moi, parce que tu as besoin de
moi!

DENISET.

Oh!

LE TAUPIER, faisant mine de partir.

Alors si tu n'en as pas besoin!..

JEANNE, l'arrêtant.

Mais si, mais si!

LE TAUPIER.

D'abord, j'aime qu'on suive mes conseils pied à pied... On

a son orgueil !.. Je m'étais chargé hier de vos intérêts, vis-
à-vis du père Chamounin, et vous m'avez l'air d'avoir mordu
en plein dans le capital avant mon autorisation.

DENISET, se récriant.

Oh! non, taupier.

LE TAUPIER.

Enfin ?

DENISET.

Cette nuit, elle a trouvé la porte de la maison fermée... J'ai
frappé deux fois...

LE TAUPIER.

Ah! elle a trouvé la porte de la maison fermée... tu as
frappé deux fois! Es-tu sûr d'avoir frappé bien fort?

DENISET.

Jeanne a eu peur et je l'ai menée, là-bas, chez la femme à
Madrolles qui lui a donné un lit.

LE TAUPIER.

Et toi?

DENISET.

Moi, j'ai été tendre mes collets.

LE TAUPIER.

Ça n'a pas le sens commun, ce que vous faites! On s'aime!
c'est bien !.. c'est bien ou c'est mal! On se l'avoue et on se
marie, c'est tout simple : mais, comme je vous l'ai déjà dit, il
faut, avant tout, le consentement du père, le paraphe de M. le
maire et du latin... Vous ne savez pas le latin, pas vrai?.. (A
Jeanne.) Sais-tu le latin, toi, dis?..

JEANNE, baissant les yeux.

Dame, non !

LE TAUPIER.

Ni moi non plus!.. Mais le père Chamounin, qui n'en sait
pas davantage, va crier, gesticuler, maudire, et puis après il
s'apaisera, il consentira !.. Mais en attendant... en attendant,
Jeanne, il faut rentrer chez le père Chamounin.

DENISET.

Non, chère Jeanne !

LE TAUPIER.

Mais nom d'une peau de belette, un père est un père, à la
fin. Je vais me mettre en colère!

JEANNE, gravement.

Mais, M. Chamounin n'est pas mon père!

LE TAUPIER.

Et depuis quand?

DENISET.

Oh! c'est tout une histoire.

LE TAUPIER.

Dites-moi votre conte.

JEANNE.

Il n'y a pas de mensonge dans ce que je dis, taupier. Je suis née à Sainte-Marguerite.

LE TAUPIER, vivement.

Sainte-Marguerite-au-Bois?

DENISET.

Vous connaissez le pays?

LE TAUPIER, avec indifférence.

Oui! Il y a longtemps que j'en suis sorti pour n'y plus rentrer.

JEANNE.

Mon père exerçait la profession de sellier; il fit de mauvaises affaires, et un jour, voilà dix ans, il disparut. Depuis ce temps, personne n'a pu me donner de ses nouvelles.

LE TAUPIER.

Et ta mère?

JEANNE.

Elle est morte six mois après.

LE TAUPIER.

Quel âge avais-tu donc, quand ton père t'a plantée là comme une poignée de sottises?

JEANNE.

J'avais neuf ans.

LE TAUPIER.

Les taupes, qui n'y voient pas clair, n'abandonnent leurs petits que quand ils sont d'âge à se nourrir. Mais elles ne connaissent pas la voix du sang.

JEANNE.

Le jour de la mort de ma mère, quand on vit la boutique fermée et une petite fille pleurant sur le seuil, on eut pitié. Une paysanne me recueillit; mais elle était pauvre. Tous les jeunes gens de la commune se cotisèrent pour payer mon entretien. On m'appelait en ce temps-là l'enfant du pays! Mais, petit à petit, les jeunes gens se marièrent; chacun ne pensa bientôt plus qu'à ses peines ou à ses joies, à sa femme et à ses enfants. On m'oublia. C'est alors que M. Chamounin, qui demeurait à Sainte-Marguerite, me prit chez lui, promettant de me servir de père, et... vous savez le reste.

LE TAUPIER.

Oui. Troc pour troc! tu lui as servi de domestique! Il ne t'a jamais parlé de ta famille?... Tu ne sais rien de plus?...

JEANNE.

Je sais que je m'appelle Jeanne Bernard; voilà tout.

LE TAUPIER.

Bernard! (Il s'assied sur un tronc d'arbre et rêve. Silence.)

JEANNE, timidement.

Eh bien! taupier?

LE TAUPIER, se relevant.

Misère! Ces choses-là n'arrivent qu'à moi!

DENISET.

Mais qu'avez-vous donc?

LE TAUPIER, à Jeanne.

Ta mère se nommait Marie?

JEANNE.

Oui. Est-ce que vous l'auriez connue?

LE TAUPIER.

Oui, je l'ai connue; et comme je l'ai aimée!

DENISET.

Vous?

LE TAUPIER, brusquement.

Oui, moi! Cela t'étonne? Tu crois peut-être que je suis né à cinquante ans, le dos voûté, les tempes grises, avec ma gaule et ses taupes au bout! Pauvre Marie! ce n'était pas moi qu'elle aimait!

JEANNE, vivement.

Mais nous vous aimerons, nous!

LE TAUPIER, brutalement.

Ils y reviennent! Comme si l'on aimait pour être aimé! Vous me dérangez ma vie, sacrebleu! J'étais heureux ainsi! J'étais le vagabond, roi de l'espace, marchant librement sous le ciel! Tout ce qui vit dans les bois, dans l'herbe ou dans l'air, tout ce qui chante, murmure ou glapit, c'étaient les miens; les bêtes, c'étaient ma famille, et maintenant...

DENISET.

- Maintenant, taupier?...

LE TAUPIER.

Maintenant, la famille est augmentée! Il faut bien que je serve de père à cette pauvre petite fille, à présent.

DENISET, tendant la main.

Ah! taupier, vous êtes un brave homme!

LE TAUPIER.

Laisse-moi donc tranquille, morveux ; occupe-toi plutôt du nécessaire.

JEANNE, s'appuyant sur l'épaule du taupier.

Vous qui avez tant aimé ma mère, vous me pardonnerez, n'est-ce pas?...

LE TAUPIER.

C'est-à-dire que... tenez, ne causons plus de ça, petite!... Mais viens donc, viens donc que je t'embrasse! Encore! C'est pourtant la première fois que j'embrasse ta mère!

CHAMOUNIN, du dehors.

Jeanne! Jeanne! (Chamounin paraît.)

SCÈNE V.

JEANNE, LE TAUPIER, CHAMOUNIN, DENISET.

JEANNE, avec terreur.

Oh!

LE TAUPIER.

Quoi?

JEANNE, montrant Chamounin.

Allons-nous-en! allons-nous-en!

DENISET.

Chamounin!

LE TAUPIER.

Chamounin! Cela m'évite la peine d'aller le chercher!

CHAMOUNIN, à part.

C'est elle! Jeanne! (Jeanne se tait.) Jeanne, m'entends-tu? Réponds-moi donc?

LE TAUPIER.

Si elle préfère se taire, cette enfant!

CHAMOUNIN.

D'abord, je ne vous parle pas, à vous!

LE TAUPIER.

Je sais bien ; mais il m'est si agréable de vous entendre...
une vraie musette que votre voix !

CHAMOUNIN.

Jeanne! ma Jeannette! Voyons, regarde-moi, viens! Je ne
te gronderai pas! Je veux causer avec toi, bien doucement, en
ami. Si tu savais combien j'ai reconnu que je t'aimais, quand
je me suis trouvé seul, tout seul! Songe donc à mon âge! c'est
triste! Oh! je l'ai durement senti!... Viens... je te dis que j'oublierai tout. Je te pardonne !

JEANNE, avec effort.

Écoutez, monsieur Chamounin. Je dois vous paraître une
ingrate... indigne de votre amitié...

CHAMOUNIN.

L'exagération des jeunes filles !.. cette chère Jeannette !..

JEANNE.

Vous m'avez élevée, vous m'avez nourrie... et je ne l'oublierai jamais; vous m'avez même proposé à moi, qui suis
une fille de rien... de... m'épouser.

DENISET.

Comment, lui !..

CHAMOUNIN, vivement.

Je ne retire pas ma parole.

LE TAUPIER, à part.

Il y a un aspic dans le bouquet de mariage, pour sûr !

JEANNE, baisse les yeux. Silence.

Mais...

CHAMOUNIN, éclatant et regardant Deniset.

Mais, petite vipère, j'ai tout compris; tu vas me suivre de
gré ou de force! Cette fois, tu viendras. (Il la saisit violemment.)

DENISET.

A nous deux !

LE TAUPIER.

Halte-là! monsieur Chamounin !..

CHAMOUNIN.

Je vous dis que je veux qu'elle vienne. (Il s'élance sur elle.)

LE TAUPIER, lui prenant le bras.

Ne vous échauffez donc pas ! — Ça fait de méchantes biles,
la colère, à votre âge. (Chamounin fait un mouvement, le taupier
l'empoigne par le bras.) Vous voyez bien... je vous ai laissé parler... écoutez-moi à mon tour. (Chamounin veut faire un mouve-

ment, le taupier le serre de plus près.) Vous m'écouterez !.. —Vous avez cru qu'il suffisait d'élever une pauvre fille dans une cuisine, et de lui jeter, en grognant, un morceau de pain quotidien pour avoir tous les droits possibles sur son présent et sur son avenir ?.. Un mauvais calcul pour vous, qui comptez serré ! Jeanne vous a dit : « J'aime! » et vous écarquillez vos gros yeux sans comprendre. Quoique je sois désintéressé dans ces histoires-là, je trouve tout simple qu'un brave garçon et une belle fille croient à cette bonne bêtise, qu'on appelle l'amour, et je me suis mis en tête de les protéger... entendez-vous ? — Jeanne aime Deniset, Deniset aime Jeanne ; laissez-les tranquilles, on ne vous demande pas de dot. (Se croisant les bras.) Eh bien ?..

CHAMOUNIN, exaspéré.

Je voudrais bien savoir de quel droit vous vous mêlez de mes affaires, vous?

LE TAUPIER.

Des vôtres! non point ; je suis trop coquet de mes mains pour ça. (Montrant Jeanne.) Des siennes! vraiment, oui, et de tout cœur. Vous n'êtes pas son père, donc elle est libre; et puis qu'il vous suffise de savoir que j'ai des droits... ou plutôt des devoirs à remplir... et alors... Comprenez-vous?

CHAMOUNIN.

Des droits! des droits! un vagabond de taupier! c'est vous qui la débauchez ; mais j'aurai recours à la loi...

LE TAUPIER, s'avançant vers Chamounin, qui recule, en le regardant entre les deux yeux.

C'est bien vous qui avez parlé de la loi! Prenez-y garde, à la loi... A force de la friser de trop près, vous finirez un jour par y toucher trop fort, et ce jour-là... gare qu'elle ne crie.

CHAMOUNIN.

Oh! les misérables! je me vengerai.

LE TAUPIER.

Tenez, monsieur Chamounin, c'est la vue de ces jeunesses qui vous trouble sans doute la raison. Causons seul à seul un brin, voulez-vous? Je parie que nous finirons par nous entendre. (A Deniset et à Jeanne.) Laissez-nous une minute. (Serrant la main à Deniset.) Je te réponds de votre mariage.

DENISET.

Ah ! taupier, si vous faites cela!..

LE TAUPIER, les poussant.

Mais, va donc! va donc!.. je vous rejoins.

SCÈNE VI.

LE TAUPIER, CHAMOUNIN.

LE TAUPIER.

Vous avez fait semblant de ne pas m'entendre hier? Je veux être plus clair; je sais tout.

CHAMOUNIN.

Tout?.. Eh! quoi donc, taupier?

LE TAUPIER.

L'assassinat de Denis, le vol du billet. J'étais dans le clos quand le coup s'est fait. J'ai tout entendu.

CHAMOUNIN.

Voyons, taupier, une fois pour toutes, que désirez-vous? Je ne demande pas mieux que de vous être utile, moi; seulement, vous avez des façons de dire...

LE TAUPIER.

Soit, je me tairai; mais...

CHAMOUNIN.

Mais?

LE TAUPIER.

Donnez Jeanne en mariage à Deniset, avec une petite dot.

CHAMOUNIN, riant.

Vraiment, oui! Comme vous y allez! Jeanne à Deniset, avec une petite dot. Il n'y a que vous pour arranger les choses! Eh! non-da! — Avec ou sans dot, je refuse, et tout net encore.

LE TAUPIER.

Vous tenez donc bien à épouser Jeanne?

CHAMOUNIN.

Ça pourrait être. On n'est pas si vieux qu'on en a l'air... puis, quand on aime!..

LE TAUPIER.

Oh! diantre! voilà qui m'émeut! Enfin, il y a dans votre jeu une carte que je ne connais pas, mais qui doit être cornée, pour sûr. Nous verrons bien. (A part.) J'irai à Sainte-

Marguerite-au-Bois cette nuit, moi; c'est louche! (Haut.) Alors vous voulez absolument que je parle?

CHAMOUNIN.

Eh! non; vous êtes trop prudent pour dire des paroles inutiles, taupier.

LE TAUPIER.

Tout ça dépend de la façon de voir.

CHAMOUNIN.

Vous êtes trop madré, vous; je suis malin, moi, à deux de jeu. Vous ne voulez qu'une chose, le bonheur de Deniset, pas vrai?

LE TAUPIER.

Oui.

CHAMOUNIN.

Comme moi celui de Jeanne! Eh bien! je suppose... — remarquez que je ne crois pas à ce que je vais vous dire. — Mais je suppose que des indiscrets, des gens de justice enfin, viennent se mettre à la recherche des causes de la mort du charron.

LE TAUPIER.

Dame! si la justice met les yeux dans vos affaires, il me semble que ça la fera loucher un brin!

CHAMOUNIN.

Mais non! elle ne s'en mêlera pas, puisque vous ne direz rien.

LE TAUPIER.

Vous êtes sûr de ça?

CHAMOUNIN.

Comme du papier de la banque de France. Suivez bien mon raisonnement. Vous y êtes?

LE TAUPIER.

Allez!

SCÈNE VII.

LES MÊMES, DENISET, il arrive en se glissant à travers les arbres.

DENISET, à part.

Je n'y tenais plus, c'est pourtant vrai qu'ils ont l'air de s'entendre. Oh! le taupier ne ment jamais!

CHAMOUNIN.

Si la justice se mêlait de cette affaire...

DENISET, qui s'avance, s'arrête étonné, à part.

La justice!

CHAMOUNIN.

Il lui faudrait bien aussi s'occuper de Louvot. La justice est trop juste pour ne pas faire ça.

DENISET, à part.

Louvot!

CHAMOUNIN.

Ça pourrait le mener loin, ce pauvre cher homme, on lui ferait de la peine, quoi! et alors ça en ferait également à madame Louvot.

DENISET, à part.

Ma mère!

LE TAUPIER.

Comment, madame Louvot?

CHAMOUNIN.

Oui... la Denise... la femme du beau-père... de Deniset.

LE TAUPIER.

Louvot! il a osé épouser la veuve de... vous avez permis...

CHAMOUNIN.

Eh non! on s'est caché de moi... Louvot est si malin! et vous comprenez alors qu'une fois la justice...

LE TAUPIER.

Oui, oui, c'est bon!... (A part.) J'ai parlé trop vite... mais j'aurai ma revanche.

CHAMOUNIN.

Alors, pour le bonheur de Deniset : Motus!

DENISET, à part.

Ah! mon Dieu! quel soupçon! (Il se glisse à travers les arbres pour se rapprocher.)

LE TAUPIER, à part.

Oh! la fouine!

CHAMOUNIN.

Vous voyez bien que nous sommes d'accord. Chassez vos taupes, moi les miennes et ne nous faisons pas concurrence!

LE TAUPIER.

Oui, silence! surtout pour Deniset, qu'il n'apprenne jamais ce secret terrible.

DENISET, toujours rampant.

Oh! je le saurai! je veux le savoir!

CHAMOUNIN.

Là, je suis de votre avis, mais aussi à qui la faute si cela arrivait? est-ce que je parle de ces choses-là, moi? Non! Jamais! C'est vous qui venez me dire : « On a assassiné Denis... »

DENISET, qui est près d'eux.

Assassiné! mon père!

CHAMOUNIN.

Ça regarde Louvot, et alors.

DENISET, se relevant et éclatant.

Louvot! Louvot! ah! ma haine était moins aveugle que moi!

LE TAUPIER ET CHAMOUNIN.

Deniset!

LE TAUPIER.

Deniset!

DENISET, exalté.

Louvot est l'assassin de mon père, et cet assassin est le mari de ma mère!.. Je le tuerai.

CHAMOUNIN, à part.

Ça me débarrasserait d'un complice!

LE TAUPIER.

Voyons, Niset, sois calme.

DENISET.

Me calmer, taupier, me calmer! mais vous ne savez donc pas, c'est moi, moi seul, c'est moi qui ai fait cet horrible mariage. Ah!.. vous voyez bien qu'il faut que je le tue!

CHAMOUNIN, à part.

Parbleu donc!

SCÈNE VIII.

LES MÊMES, LOUVOT, venant par le fond.

LE TAUPIER, à Deniset.

Arrête, malheureux!

DENISET.

Laissez-moi!

LE TAUPIER, à mi-voix.

Et ta mère? (Deniset s'arrête.) Chamounin seul connaît ce secret, je réponds de lui. Si tu fais un éclat, la justice viendra. Veux-tu que ta mère devienne la veuve d'un...

DENISET, serrant la main du taupier. — Avec résolution.

Non !

LOUVOT, paraît.

Et pas d'argent pour payer cet infâme Chamounin.

CHAMOUNIN.

Louvot !

DENISET, apercevant Louvot.

Louvot !.. Louvot est un honnête homme ; Louvot est mon beau-père ! Je l'aime et je l'estime, entendez-vous ! et je suis prêt à le défendre si quelqu'un osait le calomnier devant moi. (Il se dirige lentement vers Louvot, qui est arrivé presque en scène.)

CHAMOUNIN, au taupier.

Ah çà ! mais, qu'est-ce que vous lui avez donc dit ?

DENISET, froidement.

Votre main !

LOUVOT.

Mais qu'as-tu ? tu es pâle.

DENISET, avec autorité.

Votre main !

LOUVOT, étonné.

Mais la voilà.

DENISET, faisant semblant de lui serrer la main.

Nous sommes amis !

LOUVOT.

Sans doute... bons amis ?

DENISET, l'entraînant.

Venez !

LOUVOT.

Où me mènes-tu ?

DENISET.

Plus loin !

LE TAUPIER, frappant sur l'épaule de Chamounin.

Hai ! ça nous regarde-t-il, les expansions de famille ?

CHAMOUNIN.

Non, da. (A part.) Jeanne m'appartiendra tout de même.

LE TAUPIER, à part.

Je vais rejoindre Jeanne, et en avant à Sainte-Marguerite !
(Ils sortent.)

SCÈNE IX.

DENISET, LOUVOT. Ils sont descendus en scène.

DENISET, arrêtant Louvot.

Maintenant, regarde-moi. (Louvot lève la tête.) Tu as tué mon père.

LOUVOT.

Moi ? mais...

DENISET.

Pas un mot : tu as tué mon père. J'ai les preuves, je puis te livrer.

LOUVOT.

Mais je te jure...

DENISET.

Silence, donc !.. l'assassin de mon père ne peut rester le mari de ma mère, comprends-tu ?

LOUVOT.

C'est une calomnie !

DENISET.

Tu viendras demain matin sur la place de l'Église.... seul... (Mouvement de Louvot.) Ne crains rien, je n'assassine pas, moi !

LOUVOT.

Mais je te dis...

DENISET.

Je te dis que je le veux ! (Louvot reste atterré.)

FIN DU QUATRIÈME ACTE.

ACTE CINQUIÈME.

La place de l'Église, où aboutissent les rues du village.—Cabarets, tables, bancs.
— Au fond, l'église, terminée à droite par le clocher en réparation et à demi
masqué par un échafaudage. — Le long des echafaudages, glisse en tournant
un escalier à claire-voie. — A la hauteur du toit, une galerie tournante en
construction et surplombant. — Au lever du rideau les cloches sonnent.

SCÈNE PREMIÈRE.

LOUVOT, seul.

(Louvot est morne et consterné, il est assis sur un banc, et ses instruments
de travail sont à côté de lui.)

Allons, le moment est arrivé, il le faut... Et pourtant c'est
lorsque la vie de famille commençait à me faire comprendre
le bien, que la punition du mal arrive! Le crime ne meurt
pas! J'ai été coupable, il est juste que je sois puni. Les honnêtes gens ont seuls le droit d'être heureux; je dois me sacri-
fier au bonheur des miens.... Oh! mon Dieu! tenez-moi
compte de ma souffrance, tenez-moi compte de mon repentir.

SCÈNE II.

LOUVOT, DENISET.

DENISET, touchant l'épaule de Louvot.

Entendez-vous les cloches, Louvot?

LOUVOT, sombre.

Oui!

DENISET.

Comprenez-vous ce qu'elles disent?

LOUVOT.

Oui. (Louvot baisse la tête.)

DENISET.

Elles disent que c'est l'anniversaire de la mort de mon père ;
elles disent qu'un bon ouvrier, un vaillant cœur, un honnête
homme est mort assassiné, et que cet honnête homme n'est
pas encore vengé. (Mouvement de Louvot.)

LOUVOT.

Deniset, écoute-moi ! (Mouvement de Deniset.) Oh ! je peux bien
te tutoyer, moi ! je ne t'en veux pas. Tu fais ton devoir, tu es
un bon fils, et je voudrais que plus tard le mien te ressem-
blât ; tu sais, mon petit garçon, ton frère ?

DENISET.

Vous l'aimez ?

LOUVOT.

Il me demande si je l'aime !

DENISET.

Tenez, causons froidement comme des hommes : vous avez
tué mon père !.. (Mouvement de Louvot.) comme un lâche !.. Eh
bien ! il s'agit de garder intacte la réputation de ma mère, le
nom de votre fils, de mon frère, comme vous disiez. Car,
n'est-ce pas, vous ne voulez pas non plus qu'il vive infâme et
déshonoré, le pauvre petit Louis ? Pendant toute son existence,
les enfants se le montreraient au doigt, les femmes détour-
neraient la tête sur son passage en disant : « C'est le fils de
l'assassin, » et si la justice...

LOUVOT.

Assez ! assez ! tout, plutôt que cette pensée !

DENISET, gravement.

Oui, tout, vous avez raison, et pourtant...

LOUVOT.

Je ne puis plus vivre, n'est-ce pas ?.. Oh ! Deniset, tu ne
sais pas tout ce que je souffre ; il y a longtemps que la vie
m'est un fardeau, va ! Songe donc, je n'ose plus regarder en
face ma fem... ta mère, Deniset, et les baisers de mon enfant
me font mal ! Aussi, je suis prêt à mourir, mais... (Mouvement
de Deniset.) Oh ! ce n'est pas pour moi que j'ai peur ! c'est pour
eux, pour ta mère et pour mon fils, pour toi aussi. Puisque
ma vie vous a été funeste à tous, je voudrais que ma mort fût
le rachat de ma vie ! et je voudrais mourir... sans vous laisser pour héritage le souvenir d'une mort dont chacun pourrait vous faire un crime.

DENISET.

Voyez ! (Il l'emmène devant le clocher qu'il montre du doigt.) Mon père a monté les échelons qui conduisent à l'échafaudage. Là, à droite, il a fait quatre pas sur la galerie du clocher... quatre pas, et il est tombé.

LOUVOT.

Oui... oh !..

SCÈNE III.

LES MÊMES, DENISE et LA GRAND'MÈRE, tenant par la main LE PETIT LOUIS.

(La grand'mère marche courbée sur un bâton. — Les deux femmes ont une tenue délabrée, mais propre ; l'enfant est presque vêtu à neuf.)

LE PETIT LOUIS, à Louvot.

Papa, regarde donc comme on m'a fait beau pour aller à la messe.

LOUVOT, prenant l'enfant dans ses bras et l'embrassant avec violence.

Mon fils ! mon petit Louis ! Mon enfant !

DENISE.

Mon Dieu, Louvot, tu m'as fait peur !... Qu'as-tu, mon ami ?

LOUVOT, déposant l'enfant à terre.

Mon enfant ! reste là, que je te voie encore !

LE PETIT LOUIS.

Oh ! non, je vais à la messe prier le bon Dieu pour l'autre papa Denis qui est mort !

LOUVOT, se détournant pour pleurer.

Lui aussi ! (Embrassant l'enfant.) Va, mon petit, et prie le bon Dieu... pour... tout le monde !

LA GRAND'MÈRE.

Tu ne viens pas au service de ton père, Niset?

DENISET.

Si, grand'mère, soyez tranquille. (Regardant Louvot.) Je pense à mon père ! (Le groupe s'éloigne ; Deniset le suit de l'œil jusqu'à l'instant où il disparaît dans l'église. On entend les sons de l'orgue.)

SCÈNE IV.

DENISET, LOUVOT.

DENISET.

A la façon dont vous avez embrassé votre fils, j'ai compris que votre parti était pris, Louvot.

LOUVOT.

Est-ce que je sais, moi? Tu me dis des choses comme on n'en voit que dans les rêves! Tu as raison, pourtant. J'ai été coupable, la terre ne peut plus nous porter tous deux; il faut que je m'en aille! Mais, mon enfant, j'aurais tant voulu le voir heureux! Je veux l'embrasser une fois encore! Non, ça m'ôterait tout mon courage. Adieu, Niset. (Il fait quelques pas, puis il revient.) Mais, Chamounin, est-ce qu'il ne sera pas puni, lui aussi! Sans lui, je n'aurais peut-être pas songé à mal! Vois, maintenant, depuis longtemps, je suis changé, je travaille... (Deniset frappe du pied.) Je te comprends. Écoute, on respecte la volonté des morts; on croit aux dernières paroles des mourants. J'ai des vérités à dire, mon testament à faire; mon testament de justice, moi aussi, puisque le vieil usurier ne m'a laissé que ce bien-là. Donne-moi un quart d'heure, Deniset, dans un quart d'heure, je suis à toi, j'obéis. (Silence de Deniset.) Rien qu'un quart d'heure, je t'en conjure.

DENISET, lui montrant l'auberge.

J'attends!... (Il se pose en sentinelle devant la porte. Paraissent des paysans.

SCÈNE V.

LES MÊMES, MARTIN, débouchant par une ruelle, puis UN PAYSAN. Louvot s'arrête sur le seuil du cabaret.

UN PAYSAN.

Une belle température, pas vrai, Louvot?

MARTIN, à Louvot.

Ah çà! et notre clocher, tu ne vas pas le finir bientôt?

LOUVOT, comme sortant d'un rêve.

Votre clocher! Oui, je vais reprendre les travaux. (Regardant Deniset.) Tout à l'heure. (Il rentre dans l'auberge.)

MARTIN.

Bon courage, alors. (Ils sortent en fredonnant.)

SCÈNE VI.

DENISET, seul, se laissant tomber sur les marches, devant la porte de l'auberge.

Oh! mon Dieu! donnez-moi la force d'aller jusqu'au bout. Ai-je bien le droit de me faire cette terrible justice à moi-même! J'hésite! ô mon père, pardonnez-moi! J'hésite et j'ai peur! (On entend le son vague des litanies.) Oh! oui, priez, priez, ma mère! Moi, je suis un juge!

SCÈNE VII.

DENISET, JEANNE, en deuil, donnant le bras au TAUPIER, en costume de voyage.

LE TAUPIER.

Tudieu! quelle presse!

JEANNE.

C'est que j'ai hâte d'embrasser Deniset.

LE TAUPIER.

Oh!.. doucement! doucement! Tu vois tout en rose, toi; mais lui, il doit être en train de voir tout en noir. (Lui montrant Deniset assis sur les marches.) Qu'est-ce que je te disais?

JEANNE, courant à Deniset.

Deniset!

DENISET.

Toi, Jeanne! aujourd'hui! Tiens! je t'aime bien, mais va à l'église. Bonjour, taupier, je vous attendais.

LE TAUPIER.

Présent à l'appel!

JEANNE, à Deniset.

Qu'as-tu donc? tu es pâle comme la mort.

6

DENISET.

Oui, comme la mort ; ce n'est rien, va à l'église.

JEANNE.

Mais je veux tout savoir : qu'arrive-t-il encore ? M. Chamounin veut faire vendre le fonds de ta mère ; mais il ne faut
pas t'attrister pour cela. C'est vrai, j'oubliais de te dire, tu ne
sais pas, il paraît que je vais être riche à présent. Le taupier
m'a conduit à Sainte-Marguerite-au-Bois, nous avons vu le
notaire.

LE TAUPIER.

Oui ; et c'est joli un notaire avec ses besicles d'or ! Jeanne
hérite, à ce qu'il dit, de mille écus de rente.

JEANNE, avec joie.

Oh ! comme nous allons être heureux ! nous rachèterons la
maison de madame Louvot, et nous demeurerons avec la
grand'mère ; et ce bon taupier qui nous a sauvés, qui...

LE TAUPIER.

Ta, ta, ta, le taupier se fatigue à sauver les autres. Il y a
des choses que tu ne comprends pas, petite. Les hommes
sont aussi laids au village qu'à la ville. Moi, je vais retourner
avec les bêtes en manière de consolation. Deniset avait raison,
va à l'église.

JEANNE.

Vous partez ! Promettez-nous de revenir ? Vous reviendrez ?

LE TAUPIER.

Peut-être oui, peut-être non. A la grâce de Dieu ! J'ignore
si un jour ou l'autre un bon vent ne me ramènera pas dans
le canton tout exprès pour compter les contes de la mère
l'Oie à vos marmailles ; à moins que, fatigué du chemin, un
beau soir, à la clarté des étoiles, je ne m'endorme sur la berge
d'un fossé du grand, du doux, du dernier sommeil ; alors
quand le lendemain on retrouvera ma vieille enveloppe,
d'aucuns s'écrieront avec mépris : « C'était un vagabond ! »
d'autres un mendiant, d'autres un voleur peut-être. Si vous
les entendez, petits, haussez les épaules, et dites simplement :
« C'était un homme ! »

DENISET.

Va, Jeanne ; j'ai à causer avec le taupier de choses... de
choses qui nous regardent...

JEANNE.

De notre mariage, dis!.. Alors, je commence mon métier de femme, j'obéis. (Elle entre dans l'église.)

SCÈNE VIII.

LE TAUPIER, CHAMOUNIN, DENISET, ÉLOI.

CHAMOUNIN, dans la coulisse.

Non! non! qu'on vende dès demain! (Il entre avec Éloi.)

ÉLOI.

Madame Louvot est bien malheureuse! et la pauvre vieille grand'mère!..

CHAMOUNIN.

Ne vas-tu pas pleurer, à présent! dans ton état! tu n'arriveras à rien, mon garçon... Obéis, hein! je paye comptant... Fais-moi le plaisir de venir estimer les bois de charronnage de Louvot, qui sont là, derrière le clocher. (Il s'éloigne avec Éloi.)

DENISET, montrant Louvot qui revient.

Le voilà!

LE TAUPIER.

Compris! (Il s'éloigne.)

SCÈNE IX.

DENISET, en scène, au fond, LE TAUPIER, LOUVOT, entrant avec un papier à la main.

DENISET, au taupier.

Il est revenu à l'heure dite.

LOUVOT.

Je suis prêt, la peine sera proportionnée à l'action! Horribles toutes deux! Tiens! je vais te laisser une déclaration en règle concernant Chamounin... (Avec émotion.) Tu venges ton père, c'est ton devoir; mais si... un jour, en songeant à ma mort, tu peux me pardonner, venge-moi aussi. (Il tend un papier à Deniset.)

DENISET.

Non, non, gardez votre dénonciation, mon père sera assez vengé!

LE TAUPIER, qui a écouté l'oreille tendue.

Encore une niaiserie! (Il s'avance derrière Louvot et prend le papier à Deniset.) Ça sert toujours, ces brimborions-là, et ce qui est bon à déchirer est bon à garder. (Empochant le papier.) Bonsoir, excuse! continuez!

DENISET.

Taupier!

LE TAUPIER, haussant les épaules.

Ça parle vengeance! (Il retourne à sa place et lit le papier.)

LOUVOT.

Adieu, Deniset. Tu diras à mon Louis... que... que... Tu en auras bien soin, n'est-ce pas? (Sa voix s'étrangle.) Adieu, Deniset! (Il lui tend la main.)

DENISET, comme malgré lui, lui tend la main et la retire; puis, avec douceur :

Adieu, Louvot! (Louvot marche vers l'échafaudage. Deniset court vers le taupier et lui serre la main avec angoisse.

SCÈNE X.

Pendant que LOUVOT s'éloigne, et que DENISET s'assied près du TAUPIER, entrent CHAMOUNIN et ÉLOI.

CHAMOUNIN, se frottant les mains.

Hé! hé! hé! cette fois, m'est avis que je l'ai pour tout, de bon, la maison du père Denis.

LOUVOT, voyant entrer Chamounin.

Lui, maintenant! (Il s'élance vers Chamounin. Le taupier l'arrête.)

LE TAUPIER.

Je vous ai compris, Louvot; laissez-moi faire, il sera puni.

LOUVOT.

Merci, taupier! (Il va pour lui tendre la main, puis la retire.)

SCÈNE XI.

CHAMOUNIN, seul sur la place, LE TAUPIER et DENISET toujours à l'angle, LOUVOT, à genoux. Le taupier prend le bras de Chamounin et le fait descendre.

LE TAUPIER.

Deux mots !

CHAMOUNIN.

Oh ! je n'ai pas le temps, j'ai des comptes à terminer...

LE TAUPIER.

Eh bien! terminons le mien, puisque l'occasion s'en présente. (Appelant les paysans.) Ohé ! vous autres, arrivez donc!

SCÈNE XII.

LES MÊMES, MARTIN, PAYSANS. Louvot s'est relevé et écoute.

MARTIN.

Qu'est-ce qu'il nous veut, le taupier? (Ils s'approchent.)

LE PAYSAN.

Qu'est-ce qu'il veut nous dire?..

LE TAUPIER.

Je veux vous dire que cet homme a recueilli Jeanne pour en faire sa domestique, et qu'il a voulu l'épouser, parce qu'il avait appris la mort de son père, Claude Bernard, qui lui laisse une fortune. (Mouvement de Chamounin.) Oh! j'ai les pièces bien en règle, signées du notaire de Sainte-Marguerite, j'y suis allé...

LOUVOT, à part.

Enfin !

MARTIN.

C'est une horreur!

LE TAUPIER.

Je veux vous dire que, depuis qu'il habite la contrée, cet usurier vous tend des collets dans lesquels vous allez donner du cou comme des lapins; qu'à force de se gorger de votre travail, de votre sueur, de votre sang; à force de vous manger tout vifs, quoi! il finira par avaler toute la commune, et qu'il laissera vos femmes et vos petits crever de faim comme des chiens devant sa porte, voilà!

LES PAYSANS.

A bas l'usurier! à bas Chamounin!

LOUVOT, s'avançant avec colère.

Cela veut dire encore... (Le taupier et Deniaet le regardent.) Rien! (Il s'éloigne et va s'agenouiller devant l'église.)

LE TAUPIER, empoigne Chamounin brusquement.

Vous avez poussé Louvot à tuer le charron.

CHAMOUNIN.

Et puis?

LE TAUPIER.

Et puis c'est tout!

CHAMOUNIN.

Vous ne variez guère votre conversation, taupier.

LE TAUPIER.

Maintenant varions, puisque vous paraissez y tenir. (Appelant Éloi.) Ici, Éloi! (Éloi vient en scène, la plume à l'oreille et l'écritoire à la main.) C'est ton métier, à toi, de vendre du papier timbré?

ÉLOI.

On fait ce qu'on peut!

LE TAUPIER.

Il y a quelque temps que je m'en doute. Donne-moi les chiffons.

ÉLOI, tirant des papiers d'un portefeuille.

Voilà, c'est trente-trois sous!

LE TAUPIER.

Seize taupes et demie! (Il fouille dans une blague en cuir et paye Éloi.) C'est bien, retourne à tes poutres. Prête-moi seulement l'encrier et la plume. (Le taupier prend les objets demandés et mène Chamounin près d'une table... Éloi retourne avec les paysans.

LE TAUPIER, à Chamounin.

N'auriez-vous point quelque ouï causer de la déposition d'un homme mort? Si Louvot mourait...

CHAMOUNIN.

Louvot se porte comme mon champ de la Braie-au-Aulnes, une terre franche, marnée à neuf.

LE TAUPIER, lui montrant la déposition.

Possible! Connaissez-vous cette signature-là?

CHAMOUNIN, étonné.

C'est la signature de Louvot.

LE TAUPIER.

Vous l'avez dit. Au-dessus de cette signature, il y a écrit... Écoutez-moi ça! (Lisant.) « A l'heure de paraître devant Dieu, je déclare avoir traîtreusement assassiné le charpentier Denis, d'après les conseils... (Il grossit la voix.) de M. Chamounin. »

CHAMOUNIN.

Plus bas, taupier !

LE TAUPIER.

Plus bas, soit ! (Il continue.) « Je jure ne déclarer que la pure vérité avec la conscience dernière d'un homme qui sera mort une heure après avoir écrit ces lignes. Signé. » (Il s'arrête.) Voulez-vous voir encore la signature ?

CHAMOUNIN, effrayé, puis se remettant.

Bon ! Est-ce qu'on se tue ?

LOUVOT, avec résolution.

Maintenant que j'ai prié, montons ! (On entend les orgues.)

LE TAUPIER, tragique.

Vois, malheureux, vois. (Louvot gravit lentement quelques marches de l'échafaudage.)

DENISET, se cachant les yeux dans les mains.

Ah! je n'ose plus regarder.

CHAMOUNIN.

Eh bien ?

LE TAUPIER, à Chamounin.

Avant cinq minutes, Louvot sera arrivé à l'ouverture de la trappe dans laquelle est tombé sa victime, la vôtre! Avant cinq minutes, Louvot sera mort !

CHAMOUNIN, cherchant à fuir.

Mais alors ?

LE TAUPIER.

Mais alors, il faut en finir. (Retenant Chamounin avec violence.) Ta signature au bas de ces paperasses et en toutes lettres.

CHAMOUNIN.

Mais...

LE TAUPIER.

Louvot monte... vingt mille francs pour sa veuve.

CHAMOUNIN.

Jamais! jamais !

LE TAUPIER, lui montrant Louvot qui monte.

Mais regarde donc, vieillard!

DENISET, qui a regardé Louvot.

Oh!...

LE TAUPIER.

Il reste quatre pas à faire.

CHAMOUNIN.

Je signe! je signe!

LE TAUPIER, lui présente les papiers.

Encore! encore! (Appelant les paysans.) Eh! vous autres!.. (Il leur remet les papiers.) Ta luzerne, Martin; ton pré, Thomas; ta vigne, Madrolles. (Les paysans remontent joyeux.) Ah! c'est fatigant, la justice humaine.

CHAMOUNIN, atterré.

Maintenant, je puis m'en aller?

LE TAUPIER, à Chamounin.

Découvre-toi. (Chamounin obéit en tremblant. — Louvot est à deux pas de la trappe; Deniset tombe à genoux.)

DENISET, qui ne quitte pas Louvot des yeux.

Louvot! (On entend Louvot tomber. — Silence.)

LE TAUPIER.

Voilà un homme qui n'a pas su vivre, mais qui sait mourir!

CHAMOUNIN.

Ruiné! ruiné!

LE TAUPIER, poussant Chamounin.

Maintenant, va te faire pendre ailleurs; c'est le moment de regagner les bois, et si le besoin de l'humanité me reprend jamais... (Il s'arrête.) j'adopte un chien! (Les portes de l'église s'ouvrent; on entend le Dies iræ.—La grand'mère, Denise et le petit Louis paraissent sur le seuil. — Jeanne court à Deniset, qui étend la main sur la tête du petit Louis; les paysans arrivent. — Tableau.)

76132

FIN.

LAGNY. — Imprimerie de VIALAT.

N° d'invent: <s>990</s>